I0493361

Comprar en China: 9 claves para el éxito

Jorge Monera

© Jorge Monera, 2014

2ª edición.

ISBN: 9781499151114

Impreso en España / Printed in Spain.

Todos los derechos reservados.

Agradecimientos

Quiero dedicar este libro a las personas que han hecho posible que me desarrollara en el campo de la importación de productos desde China, India y Taiwán, especialmente a mi socio y amigo en China Mr. Wang Feng, ya que sin él no hubiese sido posible llegar hasta aquí.

Agradezco a Silvia Aracil Dols su aportación, como experta en protocolo y costumbres chinas, al último capítulo del libro, "Curiosidades".

Además agradezco a José Manuel Medina la corrección del libro: sin su paciencia no hubiese sido posible publicarlo.

Y, finalmente, a todos vosotros que vais a leerlo para que sea un punto de guía en vuestros primeros pasos de Comercio Internacional con el Gigante Asiático.

Contenido

Introducción

China: Datos generales

La República Popular China tiene una extensión de 9.561.000 Km2, es el cuarto país más extenso del mundo y supone más del 6% de la superficie terrestre.

En 2009, la población de China ascendía a 1334 millones de habitantes (sin incluir Hong-Kong y Macao), por tanto se considera el país más poblado del mundo, con aproximadamente el 20% de la población mundial.

Durante 2009, el crecimiento del PIB real de China ha sido del 8,7%, lo que pese a suponer un descenso considerable respecto al ritmo de crecimiento de años anteriores (13% en 2007). Supera el objetivo del Gobierno fijado en un un 8% anual.

Según el Banco Mundial, China tiene un PIB per cápita de 3.267 USD. En 2011, la población empleada en China superaba los 800 millones de personas, de los que 124,5 millones estaban registrados como empleados en zonas urbanas. El porcentaje de desempleo en China en 2010 en zonas urbanas es del 4,2%.

La población activa representa aproximadamente el 59% del total. De ésta, el 43% está empleada en el sector primario (a pesar de que éste representa menos del 12% del PIB, es decir, se trata de una mano de obra muy poco productiva), el 25 % en el secundario y el 32% en el terciario. En buena parte, el crecimiento de la productividad en China ha procedido de la emigración de trabajadores rurales, poco productivos, a las zonas urbanas.

China: Marco político

La estructura y organización política china se basa en la Constitución de 1982, reformada en varias ocasiones, la última, durante el XVII Congreso del Partido Comunista de China (PCCh), celebrado el 21 de octubre de 2007. En esta ocasión se añadieron algunos conceptos como el de "desarrollo científico" (desarrollo sostenible situando al ciudadano en el centro de las prioridades).

China es una república socialista con un sistema unipartidista regido por el Partido Comunista (PCC). La ideología fundamental del régimen está integrada por el Marxismo-leninismo y las aportaciones de Mao y sucesivas generaciones de líderes (Deng Xiaoping, Jiang Zemin y Hu Jintao), pero se trata esencialmente de un régimen pragmático hoy ocupado en dos tareas esenciales: el mantenimiento de una tasa de crecimiento del 8% (*Baoba*) y la preservación de la estabilidad social (*Baowen*).

La Asamblea Nacional Popular (ANP) es el máximo órgano de poder. Aprueba leyes y tratados, nombra al Ejecutivo, al Presidente de la Corte Suprema y al Fiscal General. Además es la encargada de aprobar la Constitución y sus modificaciones.

Está compuesta por aproximadamente 3.000 miembros elegidos cada cinco años que representan a las 23 provincias, cinco regiones autónomas y cuatro municipios autónomos. Las elecciones se hacen de forma indirecta a partir de los escalones locales de la Asamblea. Las elecciones locales se celebran cada tres años. La Asamblea celebra un pleno anual de dos o tres semanas de duración. El resto del tiempo sus funciones son ejercidas por un Comité Permanente de la ANP, compuesto por el Presidente, 15 vicepresidentes y 176 miembros nombrados por el Partido Comunista.

La Conferencia Consultiva Política del Pueblo Chino (CCPPC) está organizada en distintos niveles: nacional, provincial, municipal y de distrito. Cuenta con 367.000 miembros. El Comité Nacional de la CCPPC es nombrado cada cinco años, al mismo tiempo que la ANP y se reúne una vez al año. Es un órgano puramente consultivo. No ejerce ningún poder ejecutivo.

El Partido Comunista Chino (PC), fundado en 1941, cuenta con alrededor de 70 millones de miembros y monopoliza el poder político en el país. El órgano supremo del PC es el Congreso Nacional, que se reúne cada cinco años. Elige un Comité Central de 198 miembros que es el máximo órgano entre congresos, y que normalmente celebra dos sesiones plenarias anuales.

China: Estructura económica

Moneda: El Yuan/Renminbi es la moneda oficial china. 1 dólar equivale a 8.28 Yuans; 1 Yuan equivale a 0.12 de dólar.

Por el lado de la oferta, la economía china es esencialmente industrial, el sector secundario supone cerca del 46,8% del PIB, los servicios el 42,6% y la agricultura y ganadería el 10,6%.

Los últimos años han venido marcados por el crecimiento del sector de la construcción y los servicios.

Por el lado de la demanda, el factor esencial del crecimiento es la inversión, estimulada por el paquete de medidas fiscales y monetarias promovidas por el gobierno central, contribuyendo al crecimiento con 8 puntos porcentuales. La contribución del consumo al crecimiento del PIB fue de 4,6 puntos, mientras que las exportaciones netas, afectadas por la situación actual del comercio mundial, restaron 3,9 puntos al crecimiento del PIB.

La inversión de las administraciones y empresas públicas ha sido el principal motor del crecimiento dando lugar a significativos excesos de capacidad. Adicionalmente, la coyuntura internacional no propicia una aportación significativa del sector exterior al crecimiento. Uno de los objetivos declarados del gobierno es modificar este patrón de crecimiento.

China. Relaciones multilaterales

El ascendente protagonismo de China en la escena internacional ha provocado la búsqueda de acuerdos con la potencia asiática.

El marco general de las relaciones UE-China se establece en el Acuerdo de Cooperación Comercial y Económica. El acuerdo pretende desarrollar la cooperación en diversas materias, entre las que destacan la propiedad intelectual, el desarrollo sostenible, los asuntos financieros, laborales y macroeconómicos, el sector textil y la aviación civil.

China es el segundo socio comercial para la UE después de Estados Unidos. Es su primer proveedor y cuarto cliente.

En cuanto a las Instituciones Financieras Internacionales, China está adquiriendo y reclamando un mayor peso en el Banco Mundial y en el FMI. Su participación en el Banco Asiático de Desarrollo se considera fundamental. China entró a formar parte de la OMC en diciembre de 2001. Aunque aún queda mucho camino por recorrer, son numerosas las actuaciones de China para adaptarse a las obligaciones impuestas por esta organización.

China ha firmado además acuerdos regionales con la Asociación de Naciones del Sudeste Asiático (ASEAN) y el Acuerdo de Comercio Asia-Pacífico (APTA). Pertenece también al Asia Europe Meeting (ASEM), foro de cooperación con la UE.

Capítulo 1:
Estudio del mercado nacional

Llevamos muchos años escuchando cómo los fabricantes nacionales importan productos de China y, si nos damos cuenta, sólo hablan de los problemas que han tenido, y nunca del beneficio económico que les ha producido esta compra.

Y aun así, siguen comprando.

Lo que tenemos que entender es que, bien sea un producto terminado o los elementos que lo forman, parte de este material está fabricado en China. Pongamos algunos ejemplos:

Aparato reproductor de música: Entre otras cosas, lleva tornillos, pantalla LCD u Oled, carcasa de plástico de inyección, circuito interior, salida USB. . Como anexos al artículo podemos tener baterías, cascos para oír la música, caja/blíster del producto... Es decir, o bien el reproductor de música o los elementos que lo forman, algo tiene que ver con la importación.

Dentro de la compra en China, es crucial entender esto porque cuando suben los impuestos aduaneros (que veremos más adelante) de productos para poner barreras a la importación, realmente acaba subiendo el producto fabricado a nivel nacional, puesto que parte de la materia prima que utiliza proviene, en el 99% de los casos, de Asia.

Módulos fotovoltaicos: En su composición encontramos al menos vidrio, célula fotovoltaica, EVA, TEDLAR, marco de aluminio y caja de conexión. En este caso tanto el proceso de fabricación de vidrio como del marco de aluminio es EXACTAMENTE igual en un país que en otro con la diferencia de los costes laborales que tiene producir estos elementos en China. En cuanto al resto de elementos que lo conforman, cierto es que hay pequeñas diferencias (inapreciables desde el punto de vista de rendimiento para un cliente final) pero se puede producir un ahorro REAL realizando la compra en China de productos cuyo rendimiento o resultado es EL MISMO.

Con estos ejemplos o antecedentes y según muchos inversionistas conocidos (Warren Buffet entre otros) afirman que un negocio se realiza en la compra no en la venta por lo que, si estás pensando en importar desde China, no lo dudes y haz la prueba.

En este libro te voy a guiar para que tu importación sea un éxito, si necesitas profundizar o hacer una consulta más concreta sobre tu compra en China, en Atlas Overseas estamos a tu disposición vía correo electrónico, comercial@atlasoverseas.com, la web, www.atlas-overseas.com, donde podrás sacar todo tipo de información sobre comprar y vender en China, o en mi blog http://www.atlas-overseas.com/comprar-desde-china.

Primeras preguntas: ¿La competencia importa?

Esta pregunta debemos hacérnosla en un doble sentido: si tenemos competencia, ¿está importando ya?

Para mí, esta es una pregunta crucial, si mi competencia está importando es que puede hacerse y esto debería facilitarnos la tarea y tranquilizarnos respecto de la calidad del producto.

Da igual lo complicado o simple que sea nuestro producto, si es líquido o sólido, si el coste de fabricación es o no alto, o si, tecnológicamente hablando, el producto necesita de procesos específicos o maquinaria especial. Si nuestra competencia importa desde China, significa que puede hacerse.

Habitualmente cuanto menos proceso manual tenga el producto (es decir, más automatizado esté su fabricación), menor será el margen de diferencia entre trabajar en uno u otro sector. En estos casos, el volumen juega un papel esencial en la compra.

En caso de que no podamos saber si nuestra competencia está importando o si pensamos que no lo está haciendo, se abre un océano azul de oportunidades ante nosotros porque aunque no sepamos los costes que tendría fabricar en China nuestro producto, los márgenes con los que podemos enfrentarnos o la complejidad aduanera respecto de la importación, seremos los primeros en tener la oportunidad de ganar cuota de mercado partiendo siempre de la misma premisa:

Misma calidad = Menor coste.

Análisis del mercado en España

Antes de importar el producto o comenzar a pensar sobre fabricar en China desde el principio, tendremos que saber el recorrido que tiene nuestro negocio, qué está haciendo la competencia, los márgenes que tenemos para poder comprar un producto terminado o parte del mismo desde China, etc.

Si nos centramos en la importación de materia prima o producto terminado, una manera rápida de hacerlo es ver donde está fabricado finalmente el producto desmontarlo o abrirlo para ver la procedencia de las piezas que lo forman. Hoy en día podemos ver en las cajas de los productos:

HECHO EN CHINA - ENSAMBLADO EN ESPAÑA

Desde mi punto de vista, este dato es muy importante y supone una vuelta al mercado y un cambio en el pensamiento de los productos importados desde China. En este punto, no dudamos de la calidad de un "Made in China", hemos asumido que el mundo ha cambiado y que China es la fábrica del mundo pero, seguimos manteniendo la idea de que el acabado final es nacional, de tal manera que en la mente del consumidor aparece la idea de "Confianza" ante un producto que, si bien no queda más remedio que comprar sus piezas en China, la calidad del acabado es local.

Este podría ser nuestro punto de partida en el artículo que planteamos importar y desde luego tendríamos la seguridad de que los elementos que lo conforman son importados, por lo tanto, ¿podremos nosotros importar mejor que nuestra competencia? ¿Podremos encontrar los mismos componentes a menor precio, o tendremos que sacrificar nuestro margen para competir?

Detallar el producto: China copia, no inventa

Si consideramos que podemos seguir adelante, que hemos encontrado un nicho de mercado o un océano azul, y por último que el producto que vamos a poner en el mercado lo importamos de China, tenemos que saber exactamente qué es lo que queremos traer. Nos enfrentamos a una cultura, una manera de trabajar, un idioma, una moneda y unas tradiciones totalmente distintas y en algunos casos opuestas a nuestra forma de entender el negocio.

Cuando decides importar, emprendes un camino largo, en muchas ocasiones frustrante y lleno de incógnitas por lo que hay que tener muy claro lo que necesitamos de nuestro fabricante, qué le vamos a pedir, qué información le vamos a dar...

Tendemos a pensar que nos van a copiar nuestro producto que nuestra idea es la mejor, que tenemos que compartir poca información con ellos. Bien, el mundo es global y en la mayoría de los casos, cuando decidimos fabricar nuestro producto por primera vez en China (una tirada pequeña), nuestra fábrica trabaja para todo el mundo, desde España a Perú, Angola, Inglaterra o cualquier otro país del planeta.

Cuando empezamos somos un pequeño porcentaje de su facturación por lo que, por supuesto que firmaremos un contrato de confidencialidad (al final del libro os dejo algunos ejemplos) e intentaremos en la medida de lo posible proteger nuestro *Know-How*, pero cuanto más información demos de nuestro producto más planos, usos, explicaciones enviemos, más sencillo y más posibilidades de éxito tendremos en la fabricación del mismo.

Si partimos de la premisa de que hemos elegido a un fabricante serio, tenemos que verlo como nuestro "socio" en esta aventura empresarial, si no confiamos en él o lo vemos como una posible competencia, ¿qué sentido tiene meter de forma voluntaria al enemigo en casa? Esto no es óbice para cuidar al máximo nuestra propiedad intelectual, bajar los precios de fabricación si entendemos que podemos hacerlo y colaborar para que el producto vea la luz de la manera que nosotros queremos (eso incluye por ejemplo ayudar con la traducción de instrucciones si se necesitan, informar sobre la legislación en nuestro país para poder importar el producto, etc.)

Como comentaba en el título de este apartado China no inventa, copia, y en nuestro caso eso es lo que queremos, o bien que copie un producto que nosotros ya teníamos pero queremos trasladar la producción o bien que a través de planos, bocetos y explicaciones fabrique nuestro prototipo.

Una vez que hemos encontrado a nuestro compañero de viaje en China, podremos innovar y ellos son los más dispuestos a encontrar alternativas y abaratar costes o mejorar el producto para que tengamos una mayor aceptación del mismo dentro de nuestras fronteras, lo que se debería traducir en mayores ventas y por lo tanto más beneficios para "nuestra" fábrica en China.

Resumen del capítulo

Hemos intentado hacer una pequeña introducción de lo que supone importar de China y los grandes beneficios o pérdidas que se pueden tener. Lo más importante es estudiar nuestro mercado y nuestra competencia, si nuestro producto no se vende bien o no es competitivo a día de hoy no pensemos que por importarlo y abaratar el coste, va a serlo.

Probablemente, nos daremos un gran golpe si vamos exclusivamente a precio.

Primero tenemos que definir nuestro mercado, nuestra competencia y nuestras posibilidades de tener éxito.

Fabricar en China no es como hacerlo dentro de nuestras fronteras, con unos mismos horarios, un mismo idioma, etc.

Hay que tener muy claro lo que queremos, y cómo lo queremos, si no será un camino difícil y espinoso que en la mayoría de los casos nos llevará a renunciar a nuestra "aventura internacional".

Una vez analizado el mercado y decidido que nuestro producto puede fabricarse en China, debemos analizar ahora las barreras a la importación que nos encontramos, la viabilidad real de importar nuestro producto y la forma de llevarlo a cabo.

Capítulo 2:
Barreras a la importación

Análisis general de las barreras a la importación

Aunque es una idea que repito a lo largo del libro, tenemos que entender que si alguien está importando nuestro producto o similar de China es porque puede hacerse. Si pensamos así nos será más fácil superar las barreras que nos encontramos y las dificultades iniciales.

Tenemos tres barreras iniciales a la importación, a saber: Idioma, moneda y tiempo.

Idioma

Está claro que si bien cada vez más personas hablan chino cantonés o chino mandarín, las relaciones comerciales entre Oriente y Occidente se llevan a cabo en inglés. El chino es un idioma muy complejo con más de 10.000 caracteres distintos y con diferentes dialectos según la región donde nos encontremos.

Más adelante, abordaremos la posibilidad o necesidad de trabajar con un agente, al menos inicialmente pero, por ahora, os comento que en la mayoría de los casos te puedes desenvolver en inglés para trabajar con fábricas que están en la costa; si bien los dueños de las mismas solamente hablan chino, sus comerciales internacionales sí que entienden nuestras costumbres, idioma, etc.

Ahora bien, al estar ambas partes tratando en idiomas que no son los nuestros, es imprescindible tener muy claro qué es lo que se quiere fabricar o importar de China, en muchas ocasiones los dibujos y los números son mucho más efectivos y aseguran un mayor resultado de éxito que las largas explicaciones. Siempre que sea posible, hay que enviar una muestra física del producto a la fábrica o agente que hemos seleccionado con unas breves explicaciones de lo que queremos que modifiquen: ésta sería la vía rápida para tener éxito.

Moneda

La moneda China es el Yuan, que en los últimos años está sufriendo una apreciación muy fuerte, lo que dificulta las exportaciones del país asiático. El yuan está relacionado con el Dólar americano, que es, en el 90% de los casos, la moneda que se utiliza para las transacciones internacionales.

Hay ocasiones donde las fábricas te piden el pago en moneda local porque no tienen licencia de Exportación, hay que tener mucho cuidado en estos casos y actuar siempre con agente de confianza con estas fábricas. Podéis creer que habéis hecho un gran negocio y sin embargo no puedes sacar la mercancía de las aduanas de China o no puedes introducirla en la Unión Europea porque, si no aceptan pago en Dólares americanos, es porque no tienen Licencia de Exportación. En muchas ocasiones creemos que hemos hecho una gran negociación en precio y sin embargo hemos desperdiciado tiempo y dinero.

En cualquier caso este punto sería salvable si trabajamos con un Agente Exportador: son compañías que tienen licencias para juntar mercancías de diferentes fabricantes y hacer envíos fuera de la República Popular China, pero esto necesita asesoramiento profesional y tener muy claro que se va a utilizar esta figura intermediaria en la operación.

Tiempo

El periodo de maduración de la primera importación suele ser largo como media, en ATLAS OVERSEAS tenemos establecidos 6 meses desde que nos contacta un cliente hasta que enviamos el primer pedido.

Hay que entender las necesidades del cliente, seleccionar fábricas y explicarlo. Se negocia un precio inicial del producto en caso de que no sea nuevo (para lo que habrá que encontrar qué fábricas tienen ese producto en stock: en caso de que el producto haya que fabricarlo, se necesitaría un molde que habitualmente tiene un coste elevado que se tendrá que repercutir en el precio final.

En muchos casos el pago del molde te lo descuentan una vez que has comprado una cantidad determinada. Se lleva a cabo el molde, se fabrica un prototipo que se envía y homologa por parte del cliente y se fabrica.

En estos casos puede ocurrir que se tarde más tiempo de lo esperado en encontrar la fábrica, que haya que hacer dos o tres pruebas antes de la aceptación del producto, que se junte el año nuevo chino o que la fábrica no tenga espacio de producción inmediata y haya que retrasar el proceso varias semanas.

Análisis de las barreras a la importación

Dependiendo del producto que hayamos decidido importar de China, nos encontraremos con más o menos dificultades a la hora de introducirlo en la Unión Europea. Por una parte, tenemos artículos que requieren de certificados especiales para poder venderlo aquí, por ejemplo productos electrónicos, necesitan certificado CE y en el caso que funcionen con baterías, ROHS. Otro caso muy conocido serían los juguetes, la seguridad de los mismos, la fabricación (contenido de plomo).

En muchas ocasiones hay que enviar prototipo o manuales del producto que queremos importar a Organismos Públicos para tener licencia y evitar problemas y costes anadidos en Aduanas.

En este punto es necesario inicialmente contratar a una empresa especializada en España o corremos un gran riesgo porque aquí no hablamos de la fabricación del producto en sí, sino de la reglamentación administrativa que tenemos que cumplir y saber para poder comercializar un producto importado de fuera de la UE.

En el caso de productos relacionados con alimentación pero no comestibles (por ejemplo tarrinas de papel de parafina para helados), la empresa importadora tendrá que tener certificado sanitario o no podremos introducir el producto dentro de la Unión Europea.

Estos requisitos no tienen nada que ver con la fábrica de China y ellos no se harán responsables de las demoras, multas o como ha pasado en muchos casos, la destrucción del producto importado por no cumplir uno u otro requisito (razón por la cual considero necesario al principio contratar a importadores expertos).

En función del uso final que demos al producto tendremos unos requisitos u otros para introducirlo dentro de la Unión Europea.

Por ejemplo, podemos importar luces de Led para uso doméstico o venta al por mayor y tendremos una Partida Arancelaria y unos requisitos que tendremos que cumplir, sin embargo, si lo que queremos es importar luminarias de led para consultas maxilofaciales, tenemos unas barreras de importación mucho mayores.

Esto tenemos que saberlo antes de lanzarnos a importar nuestro producto o las consecuencias pueden tirar por la borda el trabajo de muchos meses.

Verdades y mentiras sobre la importación

Todo el mundo puede importar, pero es necesario saber los problemas que nos vamos a encontrar en nuestro camino.

Muchas veces, lo que nos piden en aduanas es mucho más sencillo de lo que creemos, y en la mayoría de los casos faltará un certificado detallando los productos que estamos importando, o la licencia de exportación de nuestro proveedor que, si es de confianza, no debería de tardar más de 1 o 2 días en entregárnoslo.

Por otra parte, se intenta vender la imagen de que los productos chinos son de mala calidad, que no cumplen especificaciones técnicas o certificados necesarios para venta la Unión Europea etc. Sin embargo en función del fabricante con el que trabajemos en China, el producto tendrá una calidad u otra y unos certificados u otros. El resultado es similar a la compra de productos de alta calidad o de baja calidad en España, pero nadie va a vender productos de alta gama a bajo precio manteniendo las mismas especificaciones y garantías. Importar no es difícil cuando llevas tiempo haciéndolo.

Independientemente del producto que queramos traer y comercializar, siempre hay que seguir unos pasos y, en función de los resultados que vayamos obteniendo, estudiaremos la viabilidad de la importación del producto.

El precio de algo fabricado en China es menor cuanta más mano de obra tenga, a medida que se automatiza el proceso el precio se equipara al fabricado en la Unión Europea.

Por otra parte, es muy importante el volumen de compra respecto al precio final de la mercancía. Hay costes mínimos al envío de mercancía, despacho de aduanas, volumen del pedido, etc. que no varían según lo que compremos por lo que esta cantidad se diluirá en el precio en mayor o menor medida en función del volumen que traigamos.

Resumen del capítulo

Al igual que en cualquier negocio existen situaciones y circunstancias únicamente aplicables a la importación y que es necesario conocer antes de lanzarse a traer un gran volumen de productos.

Hay barreras de idioma, moneda y cultura que difieren y mucho de nuestra educación laboral. En caso de que no conozcamos esta situación, asumamos las diferencias, e intentemos trabajar como un equipo con la fábrica o agente que hemos seleccionado el negocio, está predestinado al fracaso. El 90% de los problemas que nos podemos encontrar en una importación se pueden resolver por parte de la Fábrica o proveedor chino por lo que debemos, siempre que sea posible, asegurar la seriedad y profesionalidad en nuestras relaciones comerciales internacionales.

Otro punto a tener en cuenta es el tiempo desde que tomamos un primer contacto con una fábrica que creemos seria para poder desarrollar nuestro producto y el momento de la recepción de la mercancía. Según nuestra experiencia, se tarda una media de 6 meses en recibir el primer pedido grande de mercancía. En este tiempo hemos tenido que definir nuestras necesidades, revisar cotizaciones y especificaciones, solicitar y recibir muestras, homologarlas en España, organizar la fabricación de un pedido más grande, definir el embalaje, imprimir nuestra marca en el producto, etc.

Ahora bien, pasados estos 6 meses, el plazo habitual para pedidos posteriores suele ser de 20 días para fabricar independientemente de la cantidad y 30 días para el envío marítimo o 10 días para el envío aéreo. Para muchas empresas esta es una barrera importante porque en el mundo de los negocios los productos los necesitamos tan pronto sea posible para poder suministrar a nuestros clientes o abaratar costes de fabricación si hablamos de materia prima.

Cuanto más específico o industrial es nuestro producto, menos posibilidades tendremos de que nos engañen con el mismo, entre otras cosas porque la búsqueda de fabricantes se limita de forma importante.

Capítulo 3:
Contacto con China

A partir de este capítulo comenzamos con la compra real del producto que hemos decidido importar. Hemos pasado un proceso en el cual hemos visto que nuestra competencia está importando un producto similar y que, en definitiva, éste no difiere mucho del nuestro en calidad y especificaciones; sin embargo han externalizado los costes de fabricación, reducido los costes laborales y el aspecto del producto tanto exterior como interior (porque lo hemos desmontado para verlo) es suficientemente bueno para poder poner nuestra marca e imagen en él.

Así, comenzamos nuestra búsqueda en Internet para ver productos similares, fabricantes del producto y distribuidores tanto en nuestro país como en otro.

Idioma: Inglés

Como comentábamos en el capítulo anterior, el idioma para dirigirnos a China será el inglés (o el chino) por lo que todo lo que busquemos, analicemos, preguntemos y esperemos respuesta será en este idioma. En caso de que no tengamos facilidad con los idiomas, existen en la red traductores automáticos para poder preparar un borrador inicial de nuestras necesidades. En nuestro caso solemos desconfiar de aquellas supuestas compañías en China que hablan castellano y se muestran muy dispuestas desde el principio. A continuación, os dejo algunas páginas web que os pueden servir de ayuda a la hora de traducir vuestras especificaciones o preguntar a comunidades de usuarios de forma gratuita la manera de expresar algo en otro idioma.

Webs de ayuda

Las páginas web típicamente utilizadas para hacer esto son:

www.translate.google.com

www.freetranslation.com

Para palabras concretas se utiliza:

www.wordreference.com

Si bien esta web tiene una comunidad de usuarios que te ayudarán a encontrar la palabra necesaria para el contexto en el que estás escribiendo, lo que es muy útil para que nuestro interlocutor en China comprenda lo que queremos especificar de nuestro producto.

Empresas especializadas en importar/exportar

Desde luego que nuestro consejo desde el principio, y más cuando se va a importar un producto por primera vez, es contratar a profesionales y expertos en nuestro país de origen o en el país de destino, en lugar de hacer las cosas por nuestra cuenta. Como he venido repitiendo desde el principio hay muchos requisitos asociados a una importación y trámites administrativos que no tienen nada que ver con el producto en sí.

Por lo general son procedimientos establecidos de antemano, acordados entre los Estados Miembros de la Unión Europea, la OMC, acuerdos bilaterales entre países, cuotas de importación y un sinfín de normativas que hay que conocer.

Pensemos que lo mejor que puede pasarte es que pagues aduanas, no te abran la mercancía y todo perfecto, pero si desconoces el procedimiento puedes encontrarte no sólo sin la mercancía sino pagando un recargo diario que se va incrementando a medida que pasan los días, con la mercancía parada en el puerto/aeropuerto de destino y sin poder hacer nada por solucionarlo. Incluso peor aún, la fábrica que has conocido a través de internet, cuando necesitas certificados, factura comercial, o cualquier otra documentación, resulta que ha desaparecido.

Dicho esto cuando empezamos a trabajar con China es necesario hacerlo con profesionales en importación, que suelen cobrar un porcentaje sobre la compra por gestionar todo, desde la búsqueda del producto envío de muestras, gestión de los certificados, organización del envío... al final, estás fabricando en China pero con la tranquilidad de trabajar con un proveedor local.

Es muy importante que la empresa que decidáis que os acompañe en esta andadura tenga oficinas o agentes en distintos puntos de China para gestionar los envíos, visitar las fábricas, etcétera.

Agente en China

Otra forma de Comprar en China si no queremos contratar a una empresa o no encontramos ninguna con la que nos sentimos identificados, es buscar un agente. Éste es un trabajo basado en la confianza entre ambas partes. En China, este tipo de lazos que unen a dos trabajadores es muy serio, y si das con la persona adecuada, la parte de tu negocio que requiera de servicios o actuaciones en el Lejano Oriente irá como la seda.

Ahora bien, ¿dónde se puede encontrar un agente de confianza?

A medida que viajas a Asia, navegas por internet, chateas en webs de búsqueda de materiales, empiezas a entender poco a poco su cultura, las ganas de ayudar y encontrar lo que tú estás buscando, etcétera.

Poco a poco vas forjando unos lazos con una o varias personas que acaban acompañándote en el camino de la importación.

Por otra parte, podemos acudir a las asociaciones bilaterales que existen entre países o centros de negocios, oficinas económicas regionales... En este caso los colaboradores supuestamente tienen sufriente reputación y bagaje para asegurar el éxito de la importación, pero en muchos casos los precios que cobran son astronómicos.

Mi consejo es asistir a ferias para buscar los productos, hablar con muchas personas cara a cara y encontrar aquellos que puedan ayudarte, entiendan tu idea de negocio y estén dispuestos a arriesgar ellos también su tiempo para ser socios en el proyecto.

En muchas ocasiones, el hecho de implicar activamente a tus socios chinos te asegura el buen futuro de la importación.

Resumen del capítulo

Este es el primer capítulo donde tratamos el tema de cómo contactar con China y por qué es importante comenzar con sus "normas" más que con las nuestras.

A fin de cuentas, nosotros somos los "invitados" en su país y los que tenemos que confiar en su forma de fabricar (cumpliendo nuestras expectativas, por supuesto).

El inglés es el idioma utilizado para hacer negocios. Si no tenemos un nivel muy alto podemos recurrir a webs que no sólo traducen palabras, sino párrafos completos. De hecho, en China también utilizan este tipo de herramientas para hacerse entender. Además, en este momento lo importante es centrarse en identificar adecuadamente el producto para posteriormente ir perfilando las características técnicas.

Por nuestra experiencia, contactar con empresas de *import/export* en China desde nuestro país es un riesgo que no podemos asumir, o bien elegimos a compañías nacionales que lleven años haciendo negocios con el Gigante Asiático o vamos a ferias e intentamos contactar con personas (ya no agentes) que, a cambio de una

comisión por gestión, nos den confianza suficiente
para emprender la aventura.

Capítulo 4:
Búsqueda del producto

Existen diferentes formas de encontrar las fábricas o distribuidores que pueden vendernos o fabricarnos el producto que estamos buscando. Internet supone una fuente casi inagotable de ideas y sugerencias para comprar, sin embargo, tenemos que tener muy claro a quién estamos encomendando esta tarea o dónde vamos a invertir nuestro dinero.

En este capítulo nos centramos en la búsqueda del producto y en la elección del proveedor. Este es el capítulo más importante del libro, por lo que os aconsejo lo leáis con detenimiento y recurráis al ensayo/error mientras vais avanzando, entrando en Internet, en las páginas web recomendadas e identificando en los motores de búsqueda los productos que buscáis y contactando con los proveedores para ver qué respuesta recibís.

Empecemos.

Manual de búsqueda en páginas web

La principal web que debemos visitar para comenzar nuestra búsqueda de productos es la siguiente:

www.alibaba.com

Se trata del mercado online de mayoristas más grande del mundo y como tal tiene mucho riesgo, por lo que deberemos emplear tiempo y astucia para saber qué proveedores podrían ser fiables.

Esto es así porque en esta web hay muchos anunciantes que son "piratas" o estafadores, sin embargo, para ver productos similares al nuestro, éste es el sitio donde hay que empezar a buscar.

En la fotografía siguiente veréis una captura de pantalla de dicha web, a la izquierda se encuentran las categorías y en la parte superior el buscador de productos. En la parte inferior tenéis la posibilidad de seleccionar el idioma, en caso que queráis español, la web es:

http://spanish.alibaba.com

La mejor forma de utilizar alibaba.com es escribiendo en el motor de búsqueda el producto que queremos encontrar, siempre en inglés (recordad que en el capítulo anterior os di la web para traducir términos).

www.wordreference.com

En este link incluso hay una comunidad gratuita que te aconseja la mejor traducción según el contexto.

Por ejemplo, supongamos que nuestro negocio está orientado a animales domésticos y queremos buscar productos relacionados con mascotas: en el buscador www.alibaba.com escribiremos "*pet toys*" (juguetes para mascotas). Nos damos cuenta que, al tener el buscador función de autocompletado, te aconseja las opciones de búsqueda y otras entradas que puedan ser de nuestro interés.

No sólo se promocionan empresas chinas, sino también de cualquier otra parte del mundo (parte izquierda), ya que, como he explicado antes, alibaba.com es el portal B2B / B2C más grande del mundo. En la parte central nos aparecen las compañías que utilizan las palabras "*pet toys*" para ser encontradas y en la parte izquierda, compañías que pagan por ese producto en concreto.

Es importante entender que todas las empresas, proveedores, particulares, etcétera que aparecen en www.alibaba.com pagan por ello, lo que significa que en muchos casos (la mayoría, de hecho) no se controla la fiabilidad del mismo. Por lo tanto, nos podemos encontrar con proveedores, pero también con *traders*, distribuidores o particulares que pueden haber "copiado" páginas de fabricantes reales y hacerse pasar por ellos.

Una forma de minimizar el riesgo es pasar horas e incluso días analizando productos similares a los que estamos buscando, observando las fotos, las características o especificaciones, e incluso hablar con los proveedores (alibaba.com tiene un chat directo para hablar con ellos, muy útil).

Otra manera de verificar la buena reputación de un proveedor es buscar aquellos que tienen la etiqueta de "*Gold Supplier*".

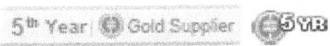

"*Gold*" significa que ha recibido una inspección de Alibaba para verificar que el producto que ofrece es el que realmente se vende. Si queremos más seguridad, debemos buscar en el proveedor que hayamos decidido hacer negocios este otro icono:

Este icono representa una inspección por parte de terceros, es decir, que han ido físicamente a comprobar que realmente son fabricantes y que fabrican lo que promocionan en la web.

Una vez elegido un proveedor, nos aparece el listado de sus productos y en la parte derecha, los datos de la empresa, incluida su página web y los datos de contacto.

Además, podremos iniciar un chat para preguntar dudas, solicitar más información, etcétera, en tiempo real (siempre que haya alguien conectado en la otra parte, si no dejaremos nuestras consultas por escrito y nuestro email para que nos respondan).

Communicate with Supplier

What can I do
for you?

Contact Supplier

Linda Liu

De esta forma se pueden seleccionar tantos proveedores como queramos y comenzaremos a hablar con ellos e identificar la seriedad y profesionalidad de los mismos.

Otra página web que es de utilidad si lo que buscamos es comercio al por menor es:

www.aliexpress.com

Hermana pequeña de www.alibaba.com, está orientada principalmente a B2C (de empresas a clientes), donde por tanto se nos permite comprar productos unitarios o lotes pequeños. Nuestra experiencia en esta web es bastante negativa, debido al volumen que compras muchas veces no recibes lo que quieres y por el monto del pago no entras en discusiones o devoluciones. En mi opinión, si se quiere comprar poca cantidad de algún producto en muchas ocasiones es más

rentable comprarlo en tiendas online verificadas en cualquier otra parte del mundo, como por ejemplo:

http://www.made-in-china.com/

Esta página web funciona de forma muy similar a Alibaba, con proveedores que también pueden tener la categoría de *"Gold suppliers"* o estar auditados por compañías independientes. Hay un menor número de familias de productos y se puede buscar en la barra superior lo que necesites.

Al igual que existen páginas web generalistas, hay otras páginas que están enfocadas al comercio minorista o a la electrónica. Una página muy interesante y que cada vez tiene más clientela es la siguiente:

http://www.dhgate.com/

En cualquier caso estas páginas van orientadas al mercado minorista, por lo que si lo que queremos es importar un producto o familia a gran escala para crear, complementar o hacer crecer nuestra empresa, este tipo de sitios están bien para saber lo que hay en el mercado pero no para plantearse algo más serio.

Ferias del sector

La manera más común de encontrar al proveedor idóneo para nuestro desarrollo empresarial es a través de ferias del sector; se celebran por todo el mundo y en cualquier momento y los expositores suelen ser empresas serias que invierten una cantidad de dinero considerable para participar en estos eventos.

Para mí, la búsqueda en Internet es el primer paso que hay que dar y el más necesario para saber cuántos proveedores hay, qué producto venden, o si es similar al nuestro o al que estamos buscando, entre otras cosas.

Debemos aprovechar las ferias del sector para conocer a los proveedores con los que hemos estado hablando y a otros nuevos. En el mercado chino nunca sabes quién fabrica realmente o quien es un distribuidor, por lo que el contacto cercano es imprescindible cuando nos acercamos a nuestro objetivo, que, por supuesto, es **comprar productos de calidad en China**.

Si la feria se celebra en China, esto además te permite conocer in situ fábricas, oficinas, distribuidores y de paso entender la cultura del trabajo (y del ocio) que tienen.

Cámaras de comercio

Las Cámaras de Comercio de diversos países suelen organizar misiones comerciales a China para visitar tanto a compradores interesados en nuestro producto como potenciales proveedores.

Asimismo pueden suministrarnos listados de fábricas del país por sectores, habitualmente no muy completos pero de gran ayuda para contrastar la información que encontramos en Internet o en las ferias del sector. Además, en los viajes de trabajo, las Oficinas Comerciales ponen a nuestra disposición en muchas ocasiones a traductores, conductores y otro personal que nos pueden resultar muy útiles hasta que encontremos a la persona local con la que nos sintamos cómodos para gestionar nuestras compras en el país.

Selección de proveedores

Existen cuatro factores determinantes para seleccionar a nuestro proveedor en China. En mi opinión irían en el siguiente orden:

1. Calidad
2. Certificados
3. Seriedad
4. Precio

Calidad

Como he comentado en varias ocasiones, tenemos que conseguir que la calidad sea, ni más ni menos, la que necesitamos, esto quiere decir que no siempre hay que fabricar productos de la mejor calidad posible sino aquellos con los que podamos competir en nuestro mercado y nuestro sector. Así, en plástico de inyección por ejemplo existen varias calidades en función de la mezcla que hagamos, igual que ocurre en perfilería de aluminio, etcétera.

Por lo tanto tenemos que tener muy claro y muy definido el producto que queremos.

Existen varias formas de definir el producto:

A través de una hoja de especificaciones que recoge las características que tiene que cumplir nuestro producto (solo si se tienen perfectamente definidas)

A través de un diálogo con el proveedor para transmitirle lo que queremos. Esto es muy útil cuando encontramos proveedores que están exportando a nuestro país o terceros países, ya que ellos ya tienen un conocimiento (básico o no) de lo que está comprando/comercializando nuestra competencia por lo que nos pueden ayudar a centrar nuestro producto.

A diferencia de lo que se piensa sobre las fábricas chinas, respecto al espionaje industrial y copia masiva de productos, los fabricantes chinos son muy respetuosos con sus clientes, por lo que no suelen desvelar secretos ni información sobre la competencia.

Lo que sí suelen proponer es fabricar un producto con tu marca (OEM) que ya están fabricando. Esta elección será vuestra, si bien nosotros preferimos jugar limpio en nuestros mercados.

Certificados

Los chinos llevan años exportando al resto del mundo por lo que, en función de la experiencia que tengan en ese mercado, dispondrán de los mismos certificados que las empresas locales y nacionales. Además, existen regulaciones que todas las compañías deben cumplir para poder poner a la venta un producto. Ejemplo:

CERTIFICADO CE: es un indicador fundamental de la conformidad de un producto con la legislación de la UE y permite la libre circulación de productos dentro del mercado europeo. Al añadir el marcado CE a un producto, el fabricante declara, bajo su exclusiva responsabilidad, la conformidad de dicho producto con todos los requisitos legales exigidos para alcanzar el marcado CE y asegura la validez del producto para ser vendido en todo el Espacio Económico Europeo; El marcado CE no indica que un producto ha sido fabricado en el Espacio Económico Europeo; se limita a afirmar que el producto es evaluado antes de ser introducido en el mercado y que por lo tanto satisface los requisitos legales (por ejemplo un nivel armonizado de seguridad) para ser vendido en el mismo.

Lo importante respecto al marcado CE es que es el propio fabricante el que afirma (y se responsabiliza) de que su fabricación cumple con los requisitos establecidos en la normativa europea.

RoHS: Restringe el uso de seis materiales peligrosos en la fabricación de varios tipos de equipos eléctricos y electrónicos: plomo, mercurio, cadmio, crom VI, PBB y PBDE.

Asimismo existen muchos organismos privados que van más allá de la normativa y establecen mediciones adicionales o más restrictivas. Muchos clientes se acogen a la medición de estos organismos independientes para contratar con nosotros.

Por poner un ejemplo, en el mercado de la Energía Solar Fotovoltaica europeo se ha establecido, si bien no es obligatorio, que todos los paneles solares que se vendan hayan sido certificados por TÜV Alemania, por lo que compañías europeas, americanas o asiáticas envían sus módulos a los laboratorios alemanes para poder competir en los mercados locales. Esta certificación se exige incluso en pliegos de condiciones públicas como requisito *sine qua non* para poder participar.

Existen otros certificados y especificaciones que dependerán del producto que queramos vender y del mercado donde nos encontremos.

Seriedad, o el principio de compra paciente

Probablemente, este es el punto del libro (y de nuestra vida profesional) más complicado de entender por las personas o compañías que comienzan su aventura en China.

Cuando decidimos buscar proveedores en China y comprobamos al poco tiempo las inmensas posibilidades que se nos presentan, tendemos a lanzarnos hacia todas estas rentables operaciones que nos estamos perdiendo. Sin embargo el proceso lleva su tiempo y muchas veces nos llegamos a desesperar.

Como media, desde que realizamos el primer contacto en Asia hasta que importamos nuestro primer contenedor, el tiempo de maduración suele ser de seis meses.

Tal y como hemos ido avanzando a lo largo del libro tenemos que identificar nuestra necesidad, buscar proveedores, seleccionarlos, comenzar a hablar con ellos etc. Además, es imprescindible para verificar que cumplen con nuestras especificaciones, la fabricación y envío de varias muestras y muchas veces necesitamos dos o tres envíos hasta obtener el producto deseado.

Tengo que insistir en que la forma de trabajar en Asia, su cultura, es distinta a la nuestra.

Mientras nosotros estamos empezando, ellos tienen clientes que tienen que atender. Si pensamos que en China trabajan prácticamente todas las marcas grandes, sea fabricando producto terminado materia prima o accesorios de los mismos, entenderemos que tenemos que tener paciencia hasta que tengan confianza en nosotros.

Por otra parte, en China existen dos celebraciones que sí se cumplen y paralizan toda la actividad del país (fabricación, tránsitos, pagos, etc.)

Año Nuevo Chino: Entre finales de enero y principios de Febrero (15 días).

Fiesta Nacional: Conmemora el establecimiento de la República Popular China por Mao Zedong en la Plaza de Tiananmen de Beijing el 1 de octubre de 1949 (8 días)

En esta época debemos añadir que durante las dos semanas previas a las fiestas, no se admiten pedidos nuevos, y menos urgentes, porque están terminando de fabricar lo acordado con sus clientes para embarcar antes de la fiesta y cuando vuelven al trabajo comienzan a fabricar los pedidos que se hicieron con anterioridad por lo que, si coincide nuestra fabricación en estas fechas, pasa un mes más hasta que tenemos la mercancía.

Por todo lo anterior, el principio de compra paciente cobra su sentido cuando entendemos los pormenores de fabricar tan lejos. Además, es importante tener paciencia: la inversión que pretendemos hacer no sólo es económica, es a largo plazo por lo que es importante hacer las cosas bien desde el principio.

Una vez que hemos recibido la mercancía y vemos que todo es correcto, los tiempos se acortan drásticamente hasta el punto que la fabricación de un contenedor de cualquier producto llevará aproximadamente 15 días más el tiempo de envío que, dependiendo de donde estemos, tardará más o menos en llegar.

A partir de este momento podemos empezar a hacer previsiones reales de compra y abastecimiento de mercancía...sólo nos faltan los precios.

Precios

Aunque parezca extraño, porque pensamos que en China lo principal es ahorrar costes frente a fabricar en Europa, Estados Unidos, Sudamérica u otros países, lo cierto es que, si el producto que nos fabrican no es de calidad, si no tiene los certificados necesarios, si el proveedor no es serio o no nos toma en serio, nuestra aventura importadora se convertirá en un camino de espinas que terminará desanimándonos.

Resumen del capítulo

Como comentaba al principio, este capítulo me parece el más importante, por lo práctico del libro. Intentamos enseñar al lector paso a paso cómo podemos empezar nuestra aventura emprendedora con China.

Dicha aventura, por supuesto, depende del producto, del cual habrá más o menos especialidades (y por tanto dificultades), pero las páginas web de apoyo, las ferias especializadas en el sector o las cámaras de comercio son un buen punto de arranque para tener éxito en nuestra compra.

La calidad, los certificados, la seriedad y por último el precio del producto (sin los tres primeros puntos, da igual el precio que nos oferten, no podremos introducir, vender o garantizar el producto que estamos comprando dentro de la Unión Europea o cualquier otro país del mundo), son los requisitos esenciales para llevar a cabo nuestra compra en China.

No nos engañemos, China lleva muchos años exportando nuestro producto o similares al nuestro por todo el mundo, por lo que los precios de salida, si queremos calidad, no son tan "agresivos" como esperamos. Sin embargo, el resultado es similar y en muchos casos mejor que lo que tendríamos en nuestro país.

El "Principio de Compra Paciente" es lo que más nos cuesta entender cuando comenzamos a trabajar aquí.

Nosotros somos un nuevo cliente para la fábrica, por lo que las barreras del lenguaje, las especificaciones de nuestros productos, las fiestas diferentes a las nuestras, entre otros factores, hacen que muchas empresas desistan de su aventura china.

Se deben calcular al menos 6 meses desde que iniciamos los contactos hasta que traemos nuestro primer contenedor, por lo que el tiempo de maduración del producto o negocio es más largo que en nuestro país.

Capítulo 5:
¿Encuentro exactamente lo que busco?

En muchas ocasiones, la mayoría, tenemos muy claro el producto que necesitamos, sus especificaciones técnicas, el precio objetivo, etc.

Hay productos donde es "sencillo" determinar la calidad. Por ejemplo, podemos comprar sacos de cemento de 50KG con densidad 325, 425, 525, o cualquier otra., y en cualquier parte del mundo si eres un especialista en este sector entenderás lo que te están ofreciendo y podrás hacer una comparativa rápida con tu proveedor actual o con precios locales.

Bien podríamos, por poner otro ejemplo, comprar en China un módulo fotovoltaico de 250w con cristal templado de 4mm de grosor, marco de aluminio galvanizado de 50mm de alto, etc. Incluso podemos solicitar a las fábricas que utilicen el cristal, la célula fotovoltaica u otro material de proveedores que conocemos y nos gusta su calidad.

Estaremos pues de acuerdo en que en los casos anteriores nos encontramos en mercados maduros donde en China llevan mucho tiempo fabricando estos productos y, lo sepamos o no, son líderes en la manufactura de los mismos.

Tendemos a tener una visión local de las cosas, pero pensemos que China es la "fábrica del mundo" que no solamente o principalmente vende en nuestro país sino en todas partes. Esto nos ayudara a tener confianza y seguridad en lo que queremos hacer e incluso podemos recibir buenas recomendaciones por su parte si tenemos una mente abierta.

En estos casos la compra está clara, es un producto definido que existe en el mercado y necesitamos una cantidad a un precio. Comprobaremos que la fábrica es de confianza, e inmediatamente pediremos los certificados necesarios en función del país de destino y precio.

A partir de ahí, mi consejo es buscar dos o tres proveedores más que tengan el mismo producto y decidir al final, puesto que cuanta más información tengamos, menor será el riesgo de la operación.

No es lo que busco...pero me sirve

Otra posibilidad bastante común cuando importamos desde China es que no encontremos exactamente el producto que estamos buscando pero lo que nos ofrecen, aún con pequeños cambios, nos sirve.

Es importante saber que en Asia se compra en grandes cantidades y eso esperan nuestros proveedores que hagamos. Está bien comprar algunas muestras o hacer un grupaje de mercancía, pero la economía de escala en China juega un papel primordial.

El menor coste en el producto junto con una calidad similar a la que encontraríamos en nuestro país, tiene que soportar el coste de transporte a puerto chino, aduanas, transporte aéreo o marítimo a nuestro país, aduanas locales y transporte hasta nuestros almacenes.

Las únicas formas que existen para que esto sea rentable son las siguientes:

- Que el producto no existe en nuestro país por lo que la competencia está haciendo lo mismo que nosotros

- Que compremos en un volumen que soporte los costes indirectos al producto.

Como comentaba antes, China vende en todo el mundo e incluso en el mercado local, con más de 1000 millones de ciudadanos es inabarcable por lo que, cuando no encontramos exactamente el producto que estamos buscando no cerremos nuestras mentes y por lo menos, intentemos entender la propuesta que vuestro proveedor elegido os está haciendo.

Muchas veces veréis que llega a ser incluso mejor que lo que nosotros habíamos pensado.

Hacer producto Ad Hoc

Podemos encontrarnos en un tercer supuesto cuando nos tienen que fabricar nuestro producto con nuestras especificaciones. Ejemplo de esto sería el lanzamiento de un juguete que hemos diseñado. Trabajar con China en el aspecto de creación de artículos es lo más enriquecedor que te puede pasar en este sector. Aquí sí que trabajamos codo con codo con diseñadores o ingenieros locales y te das cuenta de la profesionalidad y las sorprendentes ideas que tienen. De los tres supuestos que comentamos este es, con diferencia, el que menos tiempo requiere hasta que podemos comprar, en comparación con las empresas locales.

En China utilizan los mismos programas de diseño que utilizamos nosotros, las mismas impresoras en 3D o troqueladoras de papel por lo que la velocidad en tener un boceto de nuestro proyecto es increíble. Además, en la mayoría de los casos el coste de las muestras que nos envían o arte final (que en España al menos es bastante caro y no te dan exactamente los colores o el producto como quedaría para ponerlo en lineal), te lo suelen devolver cuando haces el pedido en sí, por lo que te aseguras que lo que han fabricado es exactamente lo que has pedido y has estado trabajando con tu diseñador en China.

Al margen de las copias y propiedad intelectual, desde luego aconsejo la posibilidad de desarrollar en China nuestras ideas para convertirlas en realidad: por tiempo y por coste desde luego vale la pena.

Solicitud de Certificados

Después de llevar un tiempo trabajando con nuestros posibles proveedores, independientemente del producto que sea y en paralelo a la solicitud de ofertas tanto de un producto terminado como del desarrollo del mismo, solicitaremos los certificados que tienen para poder importarlo.

Esto es imprescindible, da igual lo profesional o bueno que sea el fabricante, si no tiene los certificados necesarios no podremos importar la mercancía y nos encontraremos con serios problemas en aduanas.

Por no extenderme mucho en esto, si traemos un artículo que no cumple con el certificado necesario para meterlo en nuestro país, se quedará parado en aduanas, que nos requerirá una serie de documentación. Se la tendremos que solicitar al proveedor (que no la tiene) y comenzaremos a incurrir en mora y ocupación de espacio aduanero que el consiguiente recargo en el precio de compra del producto que se incrementará a medida que pasan los días.

Muy probablemente nuestro proveedor no se haga cargo de la mercancía tampoco y no podremos devolverla por lo que hay que proceder a la destrucción de la misma por parte del servicio aduanero lo que lleva aparejado un coste muy alto.

Al final habremos trabajado para importar nuestro producto, hemos pagado por adelantado, lo hemos traído y no podremos hacer que cruce las aduanas.

Creedme cuando os digo que no vale la pena correr este riesgo.

Hay proveedores mejores y peores, más o menos colaborativos y más o menos caros pero tenemos que partir de unos mínimos.

Igual que en nuestro país no compraríamos a largo plazo y mucha cantidad, a un proveedor que no es de nuestra confianza, ¿por qué lo hacemos a 10.000 km de distancia y sin haber ido a ver las fábricas?

Muchas veces, todo lo que conocemos del proveedor son fotografías que nos manda él o un chat que hemos mantenido. Incluso el envío de muestras que parecen de calidad y después, cuando nos llega nuestro pedido, nos damos cuenta que nos han engañado. Sin embargo el pago está hecho desde hace tiempo y la fábrica ha "desaparecido" o no se hace cargo de la incidencia.

No me cansaré de repetirlo: si queremos emprender la aventura de China nosotros solos, intentemos de todas las formas posibles minimizar los riesgos de la compra y la importación.

Respecto a los certificados, depende de cuáles sean o si han utilizado laboratorios independientes. Nos enviarán el mismo donde aparece el número que corresponde o bien a la empresa o bien al producto o productos que se han homologado (puedes homologar una gama de productos como bombillas LED con casquillo E27 de 5w, 7w, 9w, 11w...).

Esto es lo mejor que nos puede ocurrir porque podemos contactar con el laboratorio vía correo electrónico o incluso algunos de ellos, como el TUV, tienes la posibilidad a través de su página web, de escribir el número de su certificado o el nombre completo de la empresa y comprobar si es real o ficticia.

Solicitud de muestras por correspondencia

Una muestra es un artículo que no tiene valor comercial, y así lo hemos de hacer constar en la factura que solicitemos al proveedor. No obstante, depende de lo que entienda el servicio aduanero de nuestro país y debido al mal uso del método de importación conocido como *dropshipping*, en algunos casos tendremos que pagar aranceles aduaneros por la importación de la misma. En cualquier caso el coste no es muy elevado y siempre puede impugnarse.

Cuando solicitamos que nos envíen una muestra, esto va a determinar cuál es el acabado del producto que nosotros aceptamos. Es crítico tener una muestra de nuestro producto y provisionar parte de nuestra inversión en esto porque nos evitará grandes quebraderos de cabeza y problemas en el futuro.

Una vez que nos han fabricado la muestra, si es un producto pequeño lo traeremos por agencia de transportes. Tenemos muchas opciones: DHL, TNT, FEDEX, UPS... O incluso podremos utilizar la agencia de transporte con la que trabaje nuestro proveedor, pagándole el transporte y quitándonos el problema inicial.

Pasado el tiempo y cuando profesionalicéis los envíos, se puede negociar con estas empresas, abrir una cuenta de importación, o cualquier otra acción que queramos llevar a cabo.

Cuando recibamos el producto, si aceptamos la calidad, tendremos la base para todo lo que nos enviarán después, podemos hacernos una idea de la seriedad de la fábrica o la profesionalidad de nuestro proveedor. Sobre todo, saldremos de dudas con respecto a la elección que hayamos hecho.

El principio de compra paciente que comentábamos en el capítulo anterior tiene su sentido aquí, puesto que el producto que nos envían puede no cumplir en ningún caso nuestras expectativas y entonces, tendremos que volver a empezar, buscar nuevos proveedores etc.

En cualquier caso, hemos dado muchos pasos ya y hemos conseguido por nuestros propios medios traer un artículo que hemos fabricado en China.

Resumen del capítulo

Por fin hemos elegido el proveedor o a los proveedores.

Os aconsejo que trabajéis con dos o tres al mismo tiempo para después poder descartar los que menos confianza os den.

Hemos conseguido fabricar nuestro producto, solicitado certificados, comprobado que los proveedores son de fiar y nos hemos traído la muestra a nuestras oficinas para comprobar el resultado. En caso de que haya habido algún problema o discrepancia, tendremos que comenzar de nuevo todo el proceso de búsqueda de fabricantes, por eso es bueno trabajar con dos o tres fabricantes potenciales al mismo tiempo.

En el caso de que el producto que hayamos importado cumpla nuestras expectativas y podamos comenzar una fabricación más grande, en este punto terminamos la primera parte del libro y comenzamos con la segunda, negociaciones, contratos, y transportes.

Espero que hasta ahora haya sido útil todo lo que habéis leído.

Si necesitáis información adicional podéis escribir a comercial@atlas-overseas.com y nos pondremos en contacto con vosotros para un asesoramiento personalizado.

Capítulo 6:
Contratar a un agente

En muchas ocasiones, y para minimizar cualquier riesgo que podamos tener en la importación o, simplemente, porque necesitemos traducción o asesoramiento, contratar un agente puede ser una opción más que recomendable para que la operación sea un éxito.

Yo conocí a mi agente en uno de los primeros viajes a China que hice, cuando buscaba vidrio templado para fabricación de módulos fotovoltaicos. Desde entonces no sólo hemos trabajado juntos durante más de 10 años sino que además somos socios comerciales y nos hemos hecho verdaderos amigos.

¿Qué es un agente?

Un agente son nuestros ojos en China, puede ser una persona física con la que por alguna razón tengas confianza o una consultora multinacional que inspecciona las fábricas. En mi caso, por cercanía y confianza, además de por coste, decidí que mi agente fuera una persona física y tengo que decir que gran parte de las operaciones que he llevado a cabo no hubieran sido posibles sin él.

Hay veces que, por la complejidad de las operaciones, necesitas un intermediario que hable chino y otras que, porque el producto es una *commodity* o algo muy conocido que se está exportando constantemente, podemos confundirnos con nuestro fabricante e importar algo distinto o de peor calidad que lo que estamos buscando.

Si el agente es bueno sabrá hasta donde podemos negociar el precio sin que la calidad del producto se vea dañada, sabrá la mejor forma de importar la mercancía, el embalaje necesario, y otros datos de utilidad.

¿Qué hace un agente?

La cultura china está muy orientada a los negocios, grandes y pequeños. Las fábricas hacen todo lo posible, por desgracia en muchos casos incluso engañarnos, para conseguir la venta. Un agente hace lo que le pidamos, desde ir a cualquier punto de China para verificar las fábricas que hemos elegido, hacer un informe de la misma o de la calidad de los productos, organizar las gestiones con la empresa de transportes para sacar la mercancía, pagar a las fábricas para minimizar el riesgo (se hace la transferencia al agente y paga él por lo tanto la responsabilidad en el producto o acabado se la traspasas), gestionar las reclamaciones y un largo etcétera de cosas.

Los agentes están acostumbrados en muchos casos a tratar con occidentales por lo que conocen nuestras dudas y nuestros miedos respecto de la importación y harán lo posible para que estemos tranquilos.

Asimismo cuando viajas a China, un agente te suele organizar los traslados (e incluso los alojamientos) a las fábricas que quieres ver. Si las fabricas son suficientemente grandes o nosotros un cliente potencial "importante", nos enviarán conductores para movernos por China por lo que incluso abarataremos los costes del viaje.

En definitiva, si el agente es bueno consigue llevar el negocio a buen fin.

¿Cuánto cobra un agente?

Todas estas gestiones de las que he hablado anteriormente no son (evidentemente) gratuitas, además de que en China se trabaja de varias formas diferentes.

Podemos pagar un porcentaje sobre la compra que estemos realizando (de esta forma siempre tenemos controlado el gasto, es decir, solo si hay operación y al final importamos, tendremos que pagarle la comisión a nuestro agente). La comisión varía en función de la cantidad que compremos, el plazo de la negociación, etc.

En muchos casos, hablaremos nosotros con las fábricas y si hemos comprado anteriormente o son de confianza, pediremos a nuestro agente que se acerque a la misma para verificar algunas cosas en este caso, por supuesto pagaremos los gastos de viaje y estancia.

Puede ocurrir que tengamos previsto importar de manera recurrente. En este caso podremos acordar con nuestro agente un pago mensual para que realice todas las operaciones que necesitemos y gestione a nuestros proveedores en China. Es decir, tener un trabajador contratado en el Gigante Asiático.

Tened en cuenta que en muchas ocasiones los agentes cobran tanto de las fábricas que nos buscan como de nosotros por lo que os aconsejo que sin ser extremadamente tacaños, negociéis la comisión de tal manera que ambas partes os sintáis a gusto.

Al final, tienes que tener plena confianza en la persona o entidad con la que has decidido trabajar; si no, la relación comercial tarde o temprano (probablemente temprano) se acabará rompiendo.

Resumen del capítulo

Tal y como comentaba al principio, para mí tener un agente que luego se ha convertido en mi socio ha sido vital para desarrollar los trabajos de importación que hago. Puede ocurrirte que tu producto sea muy específico y por tanto necesites encontrar fábricas que tengan unos estándares de calidad muy altos o que sólo se fabrique con determinada maquinaria, y necesites a un agente.

Por otra parte, puede que tu producto sea tan común, por ejemplo la importación de teléfonos móviles, que existe mucho mercado negro y producto de mala calidad por lo que si no tenemos a alguien allí que nos asesore, lo más probable es que nos estafen.

En cualquier caso no siempre es necesario tener un agente, puede que nos guste trabajar solos o que simplemente, hayamos ido a una feria a China, hayamos conocido a proveedores, nos hayan enseñado las fábricas y podamos firmar un acuerdo de colaboración y comenzar a trabajar sin intermediarios. En China están más que acostumbrados a exportar productos por lo que en muchos casos ellos podrán ayudarnos en la importación del producto, embalaje, etc.

Pero dejar todo en manos de nuestros proveedores es muy poco recomendable, entre otras cosas por los costes de aduanas que se pagan en destino.

Si esto no lo hacemos nosotros corremos el riesgo de llevarnos algún susto sin ninguna necesidad.

Capítulo 7:
Organizar una importación

Independientemente de si hemos elegido o no contratar a un agente para buscar el producto que necesitamos en China o para negociar precios, en este punto del libro ya deberíamos haber encontrado una fábrica de confianza, haber solicitado una muestra del producto que queremos importar, y si no ha resultado satisfactoria a la primera, haber pedido otra, y tener un precio orientativo por cantidad, por lo que ya estamos listos para hacer una compra grande.

Antes de hacer el pago, tenemos que intentar negociar con nuestros proveedores una serie de cláusulas de salvaguarda, protección o salida en caso que la operación de importación no salga bien.

Asimismo, es importante firmar un buen acuerdo que fije el precio o la calidad de lo que estamos comprando, así como dejar una puerta abierta en caso de que haya fallos en el producto o no cumpla con las especificaciones requeridas.

Los siguientes epígrafes son ejemplos que, dependiendo del producto, podremos utilizar.

Piezas de recambio

Es común que, en aquellos productos que no sean de mucho coste, para evitar envíos posteriores entre China y nuestro país, un porcentaje del producto nos lo den gratuito como garantía en caso de rotura o de parte de la mercancía defectuosa. Este método se utiliza con proveedores que son de confianza, que sabemos cuál es su índice de fallos y que no nos van a engañar.

Un sector común para este tipo de acuerdos es la electrónica de consumo donde incluyo la telefonía móvil. Si nuestro proveedor es profesional, le pediremos una lista de precios de los elementos que conforman nuestro producto y o bien pagaremos por las piezas de recambio que necesitamos o bien, nos dará un porcentaje (2% - 3% habitualmente) en piezas de recambio gratuitas.

En este tipo de negocios, si no somos técnicos profesionales o no tenemos conocimiento para reparar los productos, trabajaremos con un SAT o Servicio de Asistencia Técnica. Les daremos la muestra, la estudiarán y nos dirán qué piezas son las susceptibles de rotura.

Visita de técnicos del proveedor

Cuando tengamos un porcentaje de fallos fuera de lo esperado, deberíamos tener negociada con el proveedor una cláusula de salvaguarda que puede ser por ejemplo, en productos grandes, caros o instalados en terceros (imaginemos un proyecto de energía fotovoltaica de 300.000 Euros o 500.000 USD por ejemplo) el hecho de que el proveedor pueda enviar a sus técnicos para comprobar la instalación y ver qué está pasando. También podemos coger varios de los elementos estropeados y enviárselos para que sus ingenieros comprueben el fallo.

Lo que sí es poco habitual es que nos hagan un reemplazo automático por gran cantidad de elementos sin comprobar ellos directamente lo que está ocurriendo.

Relacionar el contrato con la muestra

En su día, pedimos la muestra de lo que queríamos comprar al proveedor. En este caso puede ocurrir que nos envíen un "Dummy" (producto que no funciona, pero que sirve para ver cómo quedaría la carcasa de un teléfono móvil, por ejemplo, o un arte final de una impresión para ver qué colores se utilizarían, o cómo sería la distribución de la impresión, todo ello sin que el producto terminado vaya a ser igual) o bien pedimos una muestra exacta de lo que vamos a comprar.

Se solicita un "Dummy" con proveedores con los que hemos trabajado anteriormente, tenemos confianza y no es necesario tener sobrecostes en el nuevo producto, con proveedores con cuya forma de trabajar estamos familiarizados y nos basta ver una prueba para saber cómo quedará el producto final. Además sabemos que si hay algún problema de calidad, estarán ahí para responder en definitiva, proveedores serios.

En el segundo caso podemos asegurar la calidad del producto que compremos hasta donde queramos: si la muestra que nos envían la hemos homologado nosotros, imaginemos un peluche o similar, haremos la comparativa elemento por elemento de lo que hemos recibido con lo que hemos comprado (existiendo siempre un porcentaje de variación mínimo negociado) y si cumple especificaciones nos lo quedamos y si no, lo devolvemos. .

En caso de que se trate de un elemento electrónico podremos enviarlo a un laboratorio independiente (coste añadido) para que verifique, una vez llegue todo el producto, la similitud con la muestra. Si tenemos los instrumentos necesarios, podremos analizarlo nosotros mismos.

Si tenemos un agente, una vez que hayamos cerrado el acuerdo y firmado el contrato podremos enviarlo a la fábrica para comprobar in situ el producto y ver que cumple exactamente con las especificaciones y requerimientos que hemos pedido.

Pensad que un agente no tiene por qué ser profesional en nuestro campo, por lo que sólo comprobará aquello que le digamos verificar, pero no más, por lo que os recomiendo ser extensivos en vuestras peticiones.

A la hora de negociar con el proveedor el nivel de incidencias o devoluciones, no debemos ser laxos pero recordad que hay incidencias subsanables (en un pedido de 10.000 camisetas, vienen 9.995 unidades o 10.005 unidades) y no subsanables (por ejemplo, que la impresión que hemos pedido esté fuera de los colores solicitados y acordados previamente, por lo que no se puede poner a la venta). ¿Os imagináis que nuestro cliente es Coca-Cola y el logo lo hacen en amarillo en vez de en rojo?

Por estas razones creo que es importante tener una muestra con la que comparar el pedido y poder hablar con el proveedor al respecto de lo que hemos pedido con lo que hemos recibido, si no ¿de qué manera podremos reclamar? Además es la forma más sencilla de asegurar nuestra operación.

Rappel o descuento por volumen

No tiene que ver con la calidad del producto pero, en China, es muy común negociar precios por cantidades desde el principio, al igual que la devolución del coste de la muestra una vez realizada la compra de una cantidad negociada (en la mayoría de ocasiones hay que hacer el molde del producto o retrasar la fabricación de un cliente para fabricar nuestra muestra). Este trabajo tiene un alto coste por lo que será bueno negociarlo antes de realizar el pago.

Firma del contrato

A partir de este capítulo lo que os explico son pasos que habrá que seguir para realizar una importación con éxito. De otra manera podremos tener problemas en aduanas o con el precio final del producto, forma de pago, etc. Os aconsejo que leáis con atención los siguientes consejos; una vez que tengamos experiencia en la importación podremos saltarnos alguno de ellos pero estos son los esenciales que tenemos que seguir para comprar e importar mercancía con éxito.

Salvo que vayamos a realizar una importación de un producto que necesite fijar muchas especificaciones, habitualmente en China la firma del contrato es directamente la llamada P.I. (Proforma Invoice o factura proforma).

En la misma, se suele incluir una foto del artículo que vamos a importar, precios, medidas, pesos, embalaje, cantidad, precio unitario precio total y si se establece con el proveedor, precio de transporte hasta destino.

Igualmente incluiremos la forma de pago y cualquier especificación que queramos resaltar. Este documento lo firmamos tanto el proveedor como nosotros.

En la factura proforma, tenemos que comprobar que todos los datos que ponemos o que nos envía el proveedor son los correctos. En China son muy serios a la hora de hacer negocios por lo que mucho cuidado con lo que firmamos.

Una vez hemos firmado, se envía por correo electrónico escaneada la P.I. y a partir de este momento se entiende la aceptación del pedido.

No obstante la verdadera aceptación viene con el pago de la primera parte del Presupuesto.

Forma de pago

Las fábricas chinas no tienen materia prima en sus almacenes para fabricar. Salvo que llevemos tiempo trabajando con los proveedores o el pedido que hagamos sea muy grande y necesitemos asegurar de alguna manera el pago contra la verificación de la mercancía, la forma más habitual de trabajar es:

30% por adelantado.

70% cuando la mercancía esté lista para embarcar.

En mercados maduros, como el LED en España, por ejemplo esta forma de pago es prácticamente innegociable, puedes llevar 3 años trabajando con los mismos proveedores, que son totalmente reacios a cambiar el sistema.

La posibilidad que te ofrecen, a veces, es Carta de Crédito (L/C, Letter of Credit); sin embargo, con este sistema, el banco te cobra una comisión por apertura y el dinero se bloquea en cuenta por lo que, por mi experiencia y cuando llevo tiempo trabajando con proveedores de confianza, esta forma de pago carece de sentido.

Si tengo dudas sobre la calidad del proveedor, ¿por qué seguir trabajando con él?

Para pagar entre un 1% y un 2% al banco por la apertura de una LC que al final no nos asegura la calidad del producto creo que es más interesante, o al menos aconsejo, contratar a una empresa de inspección o a un agente que vaya a la fábrica, nos haga fotos de la producción y verifique lo que necesitamos saber para asegurarnos que no va a haber ningún fallo en la fabricación de la mercancía.

Este sistema de pago además choca bastante con la cultura occidental, donde los pagos son a 60, 90 o más días; sin embargo con este primer 30%, la fábrica China compra la materia prima que necesita para fabricar nuestro producto y es suficiente cantidad para asegurarse de que no vamos a cancelar el pedido en todo o en parte, una vez tienen fabricada la mercancía.

La forma de pago del país asiático podría ser una de las principales razones por las cuales muchos pequeños empresarios o emprendedores son reticentes a lanzarse a la aventura asiática, ya que necesitas tener capacidad de endeudamiento para poder asumir esta compra.

Detalles del producto - HS Code

Como comentaba anteriormente, lo que aparece en la PI es a lo que nos hemos comprometido ambas partes para fabricar por lo que tenemos que tener claro los términos que se detallan en la misma.

Para poder importar un producto e introducirlo en cualquier tercer país del mundo existe un código llamado TARIC donde se establece la Tarifa Arancelaria de cada uno de los productos que existen.

Lo que se intenta hacer con la tarifa arancelaria es equiparar algunos costes de fabricación en terceros estados al precio de fabricarse en nuestro país. Personalmente creo que es un impuesto revolucionario en un mundo global en el que vivimos; sin embargo opera en todos los países. Por ejemplo si queremos importar calzado a España, puesto que este país ha sido productor de calzado durante muchos años y muchas regiones viven del mismo, la tarifa arancelaria que pagamos es de un 16%, de esta forma se protege a la empresa local frente a importadores. No obstante, y por mi experiencia, sigue siendo rentable importar calzado de Asia.

Los módulos fotovoltaicos, al ser un producto que sirve para mejorar el medioambiente, durante muchos años en Europa han estado exentos de Pago Arancelario; no obstante, debido a la gran demanda que ha habido en la primera década del 2000, la Unión Europea se ha visto "obligada" por los grupos de presión de energías renovables a poner una tasa para determinados productores chinos exclusivamente que va desde el 53 hasta el 64%, de tal manera que el precio del módulo solar se equipararía al mismo que tiene si se fabrica en la UE. En cualquier caso los fabricantes chinos han encontrado "la puerta de atrás" para seguir introduciendo módulos en la Unión Europea a un precio competitivo.

Los libros, por ejemplo están exentos de pago arancelario, esto significa que, aunque por supuesto tienen código de Tarifa Arancelaria, (HS Code) pero el pago es 0%.

Hay un sinfín de productos, especificaciones, salvedades dentro de los productos depende del uso que destinemos (no es lo mismo cristal templado para módulo fotovoltaico que tiene una tarifa arancelaria de un 3% que, cristal templado para anuncios en vía pública, o para escaparates).

La buena noticia es que el proveedor sí que suele saber en el 99% de los casos qué tarifa arancelaria se aplica al producto que estamos comprando y, si no, nuestra empresa de transportes puede ayudarnos a resolverlo. Asimismo se puede hacer una consulta NO vinculante en el Ministerio de Economía y Hacienda. En cualquier caso debajo os dejo el enlace oficial para que os familiaricéis con la nomenclatura.

http://ec.europa.eu/taxation_customs/dds2/taric/taric_consultation.jsp?Lang=es

Tened en cuenta que saber la tarifa arancelaria del producto que vamos a importar es tan importante como el producto, puesto que podemos encontrarnos con un pago inesperado (y obligatorio) que puede hacer fracasar o por lo menos disminuir dramáticamente el beneficio de nuestra operación.

El pago de la tarifa arancelaria se realiza una vez tenemos nuestro producto en el país de destino y nos disponemos a pasar aduanas para poder venderlo o transportarlo a nuestras instalaciones.

Incoterms

Aquí nos referimos a las distintas formas que existen de contratar el transporte de la mercancía. A pesar de que existen varios métodos me voy a centrar en los cuatro INCOTERMS comúnmente utilizados: EXW, FOB, CIF/CIP y DDU.

EXW.- EX-WORKS: En este caso una vez que la mercancía está fabricada y embalada, el proveedor nos la deja preparada en su almacén y somos nosotros los que nos tenemos que encargar de realizar toda la importación incluyendo el pago de impuestos en aduana china, transporte, pago de impuestos en la aduana de nuestro país y entrega a nuestros almacenes o cliente final. Esta fórmula se utiliza cuando no tenemos mucha confianza con el proveedor o cuando, simplemente, somos capaces de realizar el camino completo desde el principio y nos ahorramos los costes de gestión que tiene el que el proveedor se ocupe de las aduanas. También se utiliza cuando compramos mucha cantidad y necesitamos tener los costes y gastos muy controlados. De esta forma sabemos lo que pagamos por cada uno de los conceptos.

FOB.- FREIGHT ON BOARD: El proveedor nos deja la mercancía lista en las bodegas del puerto en el que tenga licencia de

Exportación y nosotros lo recogemos, cargamos e importamos a destino. Esta fórmula se utiliza cuando la cantidad a importar es pequeña y no nos merece la pena enviar a nuestra empresa de transportes a la fábrica del proveedor. Se tienen igualmente controlados los costes de la importación y en muchos casos la diferencia entre lo que nos cobra el proveedor por gestionar la importación (primer caso) y lo que nos cobra nuestra empresa (segundo caso) es prácticamente nula.

CIF/CIP – COST + INSURANCE + FREIGHT/PLANE: En este caso el proveedor se encarga de darnos un precio que incluye el transporte a puerto chino, aduanas, y transporte hasta puerto de entrega incluyendo el seguro obligatorio. En el segundo caso la fórmula es similar pero el envío se realiza por vía aérea. En algunas ocasiones, cuando tratamos con proveedores grandes o que están acostumbrados a exportar a nuestro país o a los países cercanos, tienen almacenes propios y centros de carga y descarga en puertos, de tal forma que ellos prefieren encargarse de la importación y dejarte la mercancía en algún puerto cercano.

DDU.- DELIVERY DUTY UNPAID: En este caso el proveedor se encarga de entregar la mercancía en el lugar de destino corriendo con todos los cargos de la importación (salvo el pago de tarifa arancelaria y del IVA de la importación que corresponda).

Paso a hacer algunos comentarios generales sobre comercio exterior y las importaciones comentadas anteriormente:

Como veis en estos cuatro tipos de importación depende de la parte que nos queramos hacer cargo nosotros y cual queremos dejar al proveedor. Lo cierto es que cuanta más parte tome el proveedor, menos control tenemos nosotros sobre la importación, el precio real de los artículos importados, lo fácil o difícil que nos hubiese resultado a nosotros y los problemas que nos encontremos en el camino.

Si la idea es vender el producto a un tercero con plazos de entrega cerrados, recomiendo utilizar la primera o segunda opción a través de una empresa de transportes nacional. Una empresa local nos va a explicar qué es cada concepto, cuál es la mejor forma de introducir el producto dentro de nuestras fronteras, plazos reales de llegada de la mercancía y necesidad de presentar documentos en aduanas.

Si contratamos con el proveedor la entrega CIP y resulta que el proveedor no tiene licencia de exportación, el problema lo tenemos nosotros. Os recuerdo en este punto que la forma de pago generalmente aceptada en China es:

30% por adelantado.

70% cuando la mercancía está fabricada.

Este porcentaje se aplica a la totalidad del pago, no solamente a la parte del producto. Por tanto, si tenemos algún problema con la importación o con el producto, aunque podamos reclamar y lleguemos (no siempre) a un acuerdo con nuestro vendedor, lo cierto es que es él quien tiene el dinero (le hemos pagado por adelantado) y nosotros el problema en aduanas. Esto genera además costes añadidos de mora y ocupación de espacio portuario o aeroportuario.

Por no extenderme mucho más, mi consejo sería que al principio utilicéis la primera o segunda fórmula (EXW o FOB) y os apoyéis en una empresa de transportes de vuestro país.

Os aseguro que encontrar una buena empresa de transportes es casi tan importante como encontrar un buen proveedor. En muchas ocasiones, son ellos los que van a conseguir liberar la mercancía de puerto o solucionar un problema acerca del cual nosotros no tenemos experiencia.

Por mi experiencia, al principio parece mucho más económico utilizar transitarios chinos aconsejados por el proveedor, sin embargo, ellos no conocen los impuestos del país de destino de la mercancía o las especialidades de las aduanas locales por lo que, al final, cuesta prácticamente lo mismo contratar a un transitario local (que además suelen tener oficinas y almacenes en diferentes puertos de China) y así evitar posibles problemas.

Documento de embarque marítimo y aéreo B/L AWB

B/L (Bill of Landing)

AWB (Airward Board)

Estas siglas representan el documento de embarque marítimo en el primer caso y aéreo en el segundo de nuestra mercancía.

Es la prueba de que la mercancía ha sido embarcada. Es un documento que emite la naviera o el cargo aéreo con el número de vuelo número de bultos, lo que contienen, medidas, etc. Es uno de los documentos que se utilizará para pasar las aduanas.

A partir de este momento comenzaría a contar el plazo de envío para recibir la mercancía que variará en función de la ciudad de destino de la misma.

Llegada de la mercancía

Pasado el plazo de transporte de la mercancía, unos días antes nos avisarán de la fecha de llegada prevista del barco o del avión. Habitualmente, desde que llega el transporte hasta que la mercancía está lista para despacho de aduana, pasan entre 3 – 7 días. Este plazo varía en función del puerto de llegada, de la cantidad de mercancía pendiente de despachar, etc. Por otra parte, no es lo mismo si hemos comprado un contenedor de mercancía completo que si hemos hecho un grupaje con otros importadores y hay que "desconsolidar" en aduanas de llegada, es decir, hay que hacer unos documentos por cada una de las mercancías que van dentro del contenedor.

Una vez que la mercancía llega a nuestro país, tiene que pasar el despacho de aduanas donde nos solicitarán la siguiente documentación:

- 3 documentos originales del AWB o B/L según el caso

- 3 documentos originales de la Factura Comercial (firmado y sellado por el proveedor). Esto es la factura de la mercancía que hemos comprado en China.

- 3 documentos originales del *Packing List* (firmado y sellado por el proveedor). Esto son los detalles de embalaje, número de bultos, medidas y pesos de lo que hemos comprado en China.

Una vez la mercancía ha salido de Puerto Chino el AWB o B/L sellado por la naviera o por el cargo se entrega al proveedor o al transitario según hayamos hecho la importación y es el proveedor el que se encarga, habitualmente por empresa de envíos, de enviarnos la documentación original para hacérsela llegar al departamento de aduanas o a la persona que hayamos contratado para gestionar toda la burocracia relacionada con la importación.

El agente de aduanas comprueba el precio de la mercancía, los bultos, los documentos y pasos administrativos. Depende de lo exhaustivos que quieran ser, se comprueban importaciones anteriores similares que hemos realizado junto con los precios para cerciorarse que no estamos reduciendo el valor de los artículos importados. También revisan cualquier otro elemento relacionado con el embalaje de la mercancía o el certificado de fumigación de los pallets que hemos utilizado para traer la mercancía.

Con esta documentación en manos del agente de aduanas se pueden dar tres supuestos:

1. Circuito verde.

2. Circuito naranja.

3. Circuito rojo.

En el primer caso, circuito verde, tanto la documentación aportada como la mercancía que estamos introduciendo en territorio nacional coincide, por lo que no se hace ninguna revisión del material. Así, se liquidan impuestos y se procede a la recogida de la mercancía.

En el segundo caso, circuito naranja, el agente de aduanas ha detectado una incongruencia entre los documentos y el material que estamos importando. Circuito naranja se refiere principalmente a los documentos aportados por lo que nos pedirán alguna aclaración respecto del producto como certificados o revisión de embalajes, cantidades o pesos incluso revisión de precio o error en la tarifa arancelaria estando ambas en la misma familia (es decir, una falta) pero la mercancía no se ve afectada por este circuito.

Solucionamos el problema vía proveedor o por nuestra propia mano, y enviamos la información requerida. Si el agente de aduanas está de acuerdo la mercancía queda desbloqueada, se liquidan los impuestos y se procede a la recogida.

En el tercer caso, circuito rojo, el agente de aduanas ha detectado una falta "grave" y tenemos que proceder a la apertura del contenedor o pallets. Este caso se da cuando la diferencia de precio entre otros importadores de mercancía similar y nosotros es muy grande por lo que parece que hay indicios de evasión de impuestos. Otra posibilidad es que estemos trayendo un material distinto al que estamos declarando en aduanas. En este supuesto vuelve a tener importancia la revisión de la mercancía antes de salir del almacén del proveedor (a través de un agente o empresa independiente), así como gestionar nosotros la importación. No es aconsejable dejar este trámite en manos de un proveedor que quizá no conocemos ni hemos visitado.

Si se procede a la apertura del contenedor somos nosotros los que corremos con los gastos de movimiento de contenedor y ocupación de espacio portuario o aeroportuario, documentación, apertura, etc. Estos gastos varían en función del país donde nos encontremos.

Puede ocurrir que todo esté en regla, que el producto importado coincida con la factura, código de tarifa arancelaria. En ese caso se pasa la mercancía a circuito verde, se liquidan impuestos y se procede a la recogida de la misma.

Sin embargo en caso de que hayamos falsificado documentos para introducir otra mercancía, nos ajustaremos a lo que dicten las leyes de cada país. Puede ocurrir generalmente que la mercancía importada no cumpla con la legislación vigente donde nos encontremos, que el proveedor no se haga cargo de la misma y que haya que proceder a la destrucción antes de que pase aduanas. En este caso, igualmente, nosotros tendremos que sufragar todos los gastos producidos más el cumplimiento de la multa o pena en su caso que establezca la legislación de dicho país.

Por último decir que, en cualquiera de los 3 supuestos anteriores, se nos puede requerir información complementaria como especificaciones o fotos del producto, uso final al que está destinado u otro tipo de cosas. No debemos preocuparnos: es perfectamente normal que quieran saber más acerca de la importación.

Resumen del capítulo

Este capítulo es el que más información contiene a la hora de negociar con nuestros proveedores el contrato, el envío y fabricación de muestras o las formas de pago y envío.

Para organizar una importación tenemos que tener en cuenta muchos parámetros y cada uno de ellos es necesario para tener éxito. Si nuestro producto está relacionado con la electrónica, el hecho de negociar piezas de recambio nos quitará muchos problemas a medio plazo, puesto que no tendremos que estar importando, con el coste que ello supone, bolsas de chips por empresa de mensajería.

Por otra parte, si relacionamos el contrato con la muestra y el proveedor firma en los documentos, tendremos una vía jurídica en caso de que no lleguemos a un acuerdo para poder defender nuestra posición. Para nosotros es vital en el 99% de los casos gastar un poco de dinero en solicitar una muestra, la experiencia nos dice todo lo que nos hemos ahorrado gracias a este "sobrecoste" inicial. Como hemos comentado en este capítulo si no tenemos una muestra para comparar nuestro producto una vez que llega, ¿cómo podremos reclamar? Sólo por esto vale la pena retrasar un poco todo pero tener la seguridad que compramos lo que queremos.

Hemos hablado de la forma de pago que, como veis, difiere mucho de las transacciones que se hacen en el resto del mundo, donde lo generalizado es pagar a 30, 60 o 90 días. Os comentaré que incluso en China, cuando los negocios son locales o nacionales, también tienen formas de pago que se dilatan en el tiempo llegando en muchos casos a 160 días cuando se trabaja con el Gobierno Chino.

Una vez organizada la importación, tenemos que tener en cuenta las tasas impositivas de nuestro país y que pueden dar al traste o mermar nuestro beneficio Esta tasa se conoce como Tarifa Arancelaria (HS CODE) y supone un impuesto por fabricar fuera de nuestro territorio (sea Unión Europea, Estados Unidos o Países del MercoSur).

Con el número de tarifa arancelaria sabemos el importe del impuesto y procedemos a la importación, según el control que tengamos sobre el envío, utilizaremos un modo u otro de traernos la mercancía, que básicamente cubre desde que el fabricante nos deje la mercancía en la "puerta" de sus almacenes y nosotros carguemos allí paguemos impuestos en China, embarquemos, nos organicemos con las aduanas de nuestro país y gestionemos la entrega donde digamos (todo el proceso si lo organizamos nosotros en comercio exterior se conoce como EXW) hasta que sea nuestro proveedor el que se ocupe de todo salvo el pago de impuestos en nuestro país (DDU).

El término medio donde el proveedor nos deja la mercancía en puerto chino una vez pagadas estas aduanas y nosotros gestionamos el resto se conoce como FOB. En la mayoría de los casos esta última es la mejor forma de importar una mercancía porque cada parte hace lo que conoce.

Cuando la mercancía está lista para ser enviada en barco o en avión, recibiremos el borrador de Bill of Landing o B/L (marítimo) o el borrador del Airward Board (aéreo) como prueba de que efectivamente la mercancía está lista. Una vez salga la mercancía solicitaremos los originales al proveedor que, nos los enviará por mensajería.

En el momento que llegue a mercancía a nuestras aduanas, tendremos que entregar 3 copias del AWB o B/L según corresponda, 3 copias de Factura Comercial y 3 copias de *Packing List*, todas ellas originales que nos habrá enviado nuestro proveedor previamente.

Con estas copias, el servicio de aduanas comprueba que la mercancía se corresponde con lo que aparece en los documentos originales que hemos entregado, calcula impuestos y despacha los bultos (siempre y cuando no caigan en circuitos naranja o rojo).

Capítulo 8:
Dropshipping

Importación Dropshipping

El sistema *DropShipping* es un tipo de venta al por menor donde el minorista no almacena los bienes en su inventario, sino que pasa el pedido del cliente y los detalles de envío al mayorista, que es la empresa que despacha las mercancías directamente al cliente. El minorista obtiene su beneficio en la diferencia entre el precio mayorista y el precio minorista.

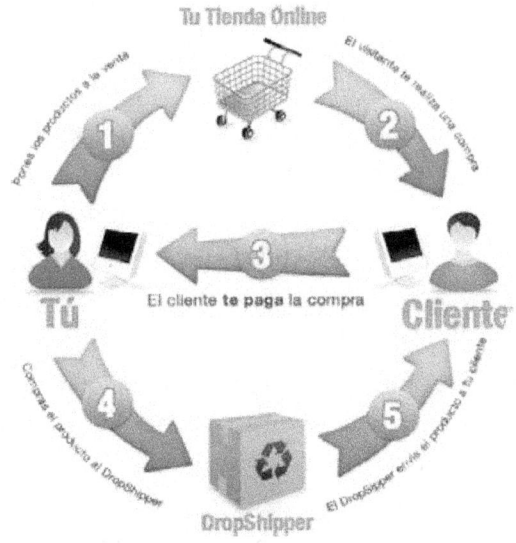

Ventajas del dropshipping

1. La inversión inicial necesaria es mínima. Gracias al ahorro que supone no necesitar infraestructuras ni personal, los únicos costes vienen, en un principio de la mano del diseño de una web atractiva para que potenciales clientes vean seriedad y profesionalidad en nuestro servicio. Otro coste de este tipo de negocio es el propio de dar de alta una empresa o estar dado de alta como autónomo. Tendremos que sumar los gastos de promoción y de atención al cliente, posicionamiento en la red, etcétera, pero son los asociados a cualquier tienda o negocio de venta al público online o físico.

2. No se necesita infraestructura para almacenaje y envío de productos. Al ser el propio mayorista el encargado de la logística nos ahorramos el tener que disponer de espacio y personal para manejar el producto.

3. Disponemos de todo el stock que tengan nuestros mayoristas. Ya no estamos limitados a las existencias de nuestros almacenes ni debemos estar pendientes de roturas de stock, puesto que contamos con

material de un tercero, trasladamos esa responsabilidad a nuestros mayoristas. En otras palabras, cuanto más grande sea nuestro proveedor, menor problema de stock tendremos.

4. Nuestro listado de productos siempre estará actualizado. Gran parte de los proveedores de dropshipping tienen a su disposición sistemas totalmente automatizados con el catálogo de productos, de los que podemos nutrir automáticamente a nuestra web para estar siempre a la última. En otros casos, el proceso es manual.

5. No nos encargamos nosotros del proceso logístico. Esto significa que te despreocupas de negociar con empresas de mensajería y tener que contactar con ellos y negociar cada vez que llega un pedido. El "dropshipper" lo hará por ti.

6. Te despreocupas parcialmente de las devoluciones. En algunos casos, las devoluciones las resuelve directamente el propio mayorista, por supuesto con un cierto coste.

Problemas con el dropshipping

El principal problema de este sistema es a la hora de cruzar la frontera con el país de destino ya que el producto adquirido normalmente vía online no ha pagado el IVA correspondiente ni la tarifa arancelaria (en este caso a España). Esto ha provocado que cada vez haya sistemas más sofisticados de control aduanero que hacen que muy probablemente, se retenga la mercancía y haya que pagar los impuestos correspondientes, con lo cual, si estamos trabajando como intermediarios en lugar de como clientes finales de la mercancía importada, puede ocurrir que nuestro cliente deje de confiar en nosotros para adquirir un producto ya que ve cómo tiene que incrementar el pago de un producto y no había provisionado fondos para esto.

Por lo tanto nuestro consejo en este caso es:

- Informarse bien de la ley que regula la legislación aduanera antes de importar cualquier producto.

- Garantizar a nuestro cliente un buen servicio que sea además transparente en todos los costes y gastos que se incurran en la importación.

Resumen del capítulo

El dropshipping es un método de importación que cada vez está más extendido debido al bajo coste que tiene para la puesta en marcha del negocio.

No obstante, si bien al principio se utilizaban los envíos como "muestras" sin valor comercial para evitar el pago de aduanas, a día de hoy cada vez es más complicado importar productos unitarios a bajo coste sin pago de los impuestos correspondientes. Por ello nuestro consejo es ser precavidos e informarnos de todos los pagos que supone este tipo de importación antes de lanzarnos a importar, sobre todo si nosotros somos los intermediarios de la operación puesto que, en muchas ocasiones, como comentaba, nuestro cliente no va a estar de acuerdo en incrementar el coste de lo acordado aunque sea por impuestos que tenemos que pagar para desbloquear el producto en aduanas.

Capítulo 9:
Visitar China – curiosidades

Como último capítulo del libro os quiero dejar unas consideraciones que deberíais tener en cuenta para poder hacer negocios en China. Si bien no está relacionado directamente con el producto en sí, China tiene una cultura milenaria donde el protocolo a la hora de establecer relaciones laborales y personales es importante.

Estas consideraciones no son esenciales y siempre que seamos personas educadas y profesionales se podrá entender la diferencia cultural pero no está de más saber algunas "normas" o "recomendaciones".

Etiqueta

A medida que China se ha ido capitalizando también lo han hecho sus costumbres que, de alguna manera, han ido adaptando normas de vestuario y protocolo occidental.

Así pues, los hombres de negocios en China prefieren los colores oscuros sobre los claros y los zapatos con cordones, las corbatas a juego con el traje y las camisas claras.

Los hombres utilizan habitualmente trajes de chaqueta oscuros y corte clásico y sobrio compuestos de chaqueta y pantalón. Camisas claras y corbata a juego con el traje. Zapatos oscuros y acordonados.

Las mujeres optan por la falda frente al pantalón. Se debe huir de escotes amplios y complementos ostentosos, tanto en joyas como en maquillaje. Si se escogen zapatos con tacón, éste tendrá que ser bajo o medio ya que si tenemos en cuenta las características físicas de los chinos, no son muy altos por lo que el tacón deberá de ser suficientemente bajo para que no haya una gran diferencia de altura.

Colores para situaciones diferentes

En China, los colores tienen un gran simbolismo y, más que por el gusto de utilizar uno u otro, esta cultura se centra en el significado de los mismos a la hora de su elección.

Colores naturales: Son el color madera, crudo habano y beige. Nos recuerdan a la tierra, nos calman y nos estabilizan así como nos hacen sentir firmes. Sin embargo, si no se mezclan con otro color, crean aburrimiento y apatía.

Azul Marino: Los chinos lo asocian a la inmortalidad.

Negro: Se considera la ausencia total de color y en China, simboliza el miedo el mal.

Rojo: Es el color de la buena suerte y se considera activador de energía. El rojo se asocia al ceremonial y a las ocasiones especiales, pues en la naturaleza aparece concentrado en superficies pequeñas así, se considera un color especial.

Naranja: Es el color de la túnica de los monjes budistas, expresa la unión con el universo.

Blanco y gris: El blanco es la suma de todos los colores, refleja un estado donde nada se esconde. Irradia limpieza y pureza.

Verde: Es el color de la vida vegetal y de la primavera, evoca crecimiento.

Púrpura: Simboliza autoridad y exclusividad por su complejidad para lograrlo. Se usa tanto para condecoraciones como para premios.

Amarillo: En China, es el color del Sol, de la luz del día, del optimismo y claridad,

El color no significa lo misma a la hora de escribir que en Occidente. Es importante no escribir nunca en rojo pues recuerda la sangre y los grandes problemas habidos en su revolución cultural. El color rojo en la escritura para ellos tiene una connotación negativa.

Hay que evitar siempre que sea posible el negro y el blanco, que representan la muerte. No es correcto utilizar estos colores o combinaciones en los que predominen.

Las flores

La cultura china es la más antigua y debido a sus tradiciones, su vida y su forma de ver las cosas, los simbolismos y la apariencia son muy importantes, sobre todo en el estilismo, la decoración, las formas y las buenas maneras. Es importante saber el significado que se atribuyó a las flores en la antigua China y de ahí se trasladó al resto del mundo.

Debido al clima y a sus latitudes, las especies existentes en China no se corresponden en muchos casos a las que aquí conocemos y quizá el significado no concuerde.

Como hemos visto antes, en China los colores están dotados de significado y dependiendo del color de la flor significará una cosa y otra.

Las rosas chinas o hibiscos: Significan amor voluptuoso.

Clavel chino: Simboliza la galantería, si fuera en color rojo significaría amor puro y vivo. Se interpreta como pedida de matrimonio.

La flor del ciruelo: Es la flor por excelencia de la República China y su significado es la felicidad.

La petunia: Flor típica de China, simboliza la perseverancia y no perder la esperanza.

Orquídea: Belleza, dulzura y sentimientos sublimes.

Las flores amarillas: Son símbolo de desprecio y en relaciones de pareja simbolizan infidelidad y celos.

La flor del loto: Es la que representa el año nuevo chino el significado que le acompaña es el de la elocuencia, la elegancia a la hora de expresarse en público.

Puntualidad

La anulación de una cita o falta de puntualidad en China es una ofensa para la persona o personas que le esperan. Hay que ser por lo tanto muy puntuales para empezar con buen pie las relaciones en China. En estos casos, y ellos lo hacen, es mejor llegar con cierta antelación que un poco tarde.

Cuando ejerzamos de anfitriones, hay que llegar con bastante tiempo de antelación al lugar de la cita pues llegar tarde o no estar presente cuando se presenten los invitados se considera una falta de cortesía y una falta de respeto que considerarán como una ofensa directa.

Saludo

Como es generalizado en la cultura china, incluso en los saludos, ya existe una mezcla de cultura occidental y oriental.

Así, cuando se entra en una reunión se da la mano como en nuestro país, aunque los chinos hacen además una pequeña inclinación con la cabeza cuando saludan.

La reverencia en China se hace desde los hombros hasta la cintura.

Tampoco hay que prolongar mucho el saludo del apretón de manos y no es necesario colocar su otra mano sobre las manos que están saludando o tomar el brazo de la persona a la que está dando la mano. Este tipo de afectos no son costumbre en su país y por lo tanto no están bien vistos. Incluso podemos llegar a incomodarlos si actuamos de esta forma.

Los chinos no son amigos del contacto físico, por lo que se recomienda no tener nunca ningún tipo de contacto físico con ellos, como abrazos, palmadas en la espalda y por supuesto ni de lejos pensar en un beso en la mejilla.

Presentaciones

Las presentaciones en China suelen ser muy formales e incluso podemos decir que bastante austeras. Ello es debido a que tienen un gran sentido del deber, no muestran sus emociones en público y son bastante serios en todo lo que hacen, sobre todo de cara al exterior. Todo va envuelto en un aire de ceremonia.

Hay que saber que los chinos entienden la familia como un vínculo fortísimo del que se enorgullecen y al que defienden por encima de todo. En China, las personas se presentan diciendo primero el apellido y después el nombre. Hay que saber dirigirse a ellos diciendo en primer lugar su tratamiento y luego apellido. Si no conocemos el tratamiento se utiliza "Señor". Los chinos solamente pueden llamar por su nombre de pila a sus familiares y amigos más cercanos.

Tratamientos de cortesía

En lo que respecta a los tratamientos de cortesía, la forma correcta de dirigirse a su interlocutor chino es utilizar el apellido con el título de cortesía correspondiente (apropiado para la persona). Se utilizan los mismos tratamientos que en Occidente. Pero debemos tener en cuenta el orden inverso al nuestro, es decir, primero el apellido y después el tratamiento de cortesía correspondiente.

Tratamientos profesionales

Otra forma, de las más utilizadas, para dirigirnos en China a otras personas es utilizando su título profesional o su cargo en el Gobierno.

Un tratamiento de cortesía muy utilizado para el trato con todo tipo de personal de servicio como camareros, botones, porteros… es *"Xiaojie"*.

Las mujeres siguen utilizando su apellido familiar de solteras incluso cuando se casan, por eso debemos tener mucho cuidado con las equivocaciones. Solamente utilizarán el apellido de su marido en ocasiones formales y en presentaciones de cierta importancia.

Regalos

Cuando un extranjero viaja a China, tiene que saber que a los chinos les encanta recibir regalos propios del país extranjero.

Así pues, los regalos más indicados son:

Coñac o brandy francés, whisky o cualquier tipo de licor propio de nuestro país, etc.

Plumas estilográficas o bolígrafos de calidad.

Encendedores y cigarros puros.

Accesorios de escritorio.

Libros de Historia, Folclore o Arte de nuestro país de origen.

Pinturas enmarcadas o pequeñas esculturas

En determinadas ocasiones, sellos, pues en China hay mucha afición a este tipo de coleccionismo.

Algún detalle para la casa (atención a los gustos orientales).

Ginseng cultivado en el país de origen, en este caso el nuestro.

Qué no se debe regalar a un chino

Nada que tenga que ver con monedas e incluso dinero en metálico.

El queso no suele estar en su dieta y por lo tanto no es un regalo que ellos aprecien. No es uno de los alimentos que más les guste.

El vino tampoco es un regalo muy apropiado pues no saben darle el suficiente aprecio y generalmente no está en su dieta.

No regalar relojes si la persona que lo recibe es mayor. Es como si le dijera que le queda poco tiempo de vida. No es un detalle demasiado correcto para ellos. El vocablo reloj para los chinos les recuerda a entierro (funeral).

Regalar una cesta de fruta para ellos significa pobreza pues no aprecian las frutas. Incluso si tiene una buena relación de amistad la fruta no es un buen regalo para hacer.

Cuidado con los números. Como ya comentamos anteriormente, el 4 era un número relacionado con la muerte, tampoco les gusta que se haga referencia al 40. El 8 sin embargo sí que tiene un significado positivo para ellos.

Revisar también el color del producto, no se debe regalar ningún obsequio de color verde. Cualquier ropa que sea verde significa que alguien de esa familia ha cometido adulterio.

Las tijeras, cuchillos y cualquier otro objeto de corte, puede significar que se cortan relaciones o amistades.

Los regalos que pueden significar o asociarse a temas como la muerte o los funerales son sandalias de paja, relojes o pañuelos.

Regalos de empresa

Los regalos de empresa son de nuestra compañía a la otra empresa y nunca en el plano personal. El regalo se debe de entregar siempre al jefe o ejecutivo de mayor rango, es decir, al mayor representante de la empresa con la que tengamos contacto.

Si queréis mejorar la relación con los componentes de una delegación, podéis darle un pequeño obsequio a cada uno de ellos; este detalle se da en el orden en el que fueron presentados. Tened en cuenta que las preferencias y los rangos en China son importantes.

El envoltorio

No envolváis nunca los regalos en papel de color blanco, negro, o azul. Cuando se hace un regalo hay que tener cuidado con el envoltorio; para ellos, es casi tan importante como el regalo. El envoltorio demuestra el interés que hemos puesto en él. No sólo se tiene en cuenta el valor del regalo.

Los regalos se dan con ambas manos. No se abren en el momento en el que se dan. Ellos tienen la costumbre de abrirlos en privado. No obstante, los que conocen las costumbres occidentales puede que los abran en su presencia como detalle de cortesía hacia nosotros, por lo tanto hay que agradecerlo.

Si hay regalos, tiene que haber para todos. Si hay un solo regalo general para toda la representación, debe ser presentado para todos. Es decir, se debe mostrar a todos aunque sólo se le dé al portavoz del grupo.

Nunca se dan regalos de gran valor puesto que avergonzaríamos al receptor del mismo. Una vez que tengamos una relación laboral buena y fluida, se puede regalar algo más caro.

Reglas de cortesía en público

Empujones: Las colas o guardar los turnos no son cosas demasiado extendidas en China. Allí, son más habituales los empujones para conseguir algo. Son algunas de esas contradicciones que nos dan las culturas tan respetuosas con los demás, con las tradiciones y con sus mayores.

En cualquier tipo de gran concentración de personas, no os asustéis si empiezan los empujones. Es habitual que se hagan pequeños tumultos y revuelos de gente.

Silbar: No tienen costumbre alguna de silbar y es considerado un gesto poco educado.

En determinadas situaciones de tensión el chino puede aspirar (es decir tomar aire) y expulsarlo con un movimiento sonoro de los labios e incluso chasquear los dientes. Eso significa que no están de acuerdo con la propuesta e incluso que no se la esperaba. Si nos ocurre mientras estamos negociando debemos abrirnos a negociar para evitar este punto de "hostilidad" en su comportamiento. Cualquier cambio de actitud se puede reflejar en el cambio de sus gestos.

Dada su cultura y tradiciones, el culto a sus mayores se representa por el grado de importancia que les dan a los mismos en cualquier ámbito. El mayor siempre suele ser el jefe del grupo o al menos goza de ciertos privilegios.

No suelen demostrar sus emociones en público por su educación y cultura, por eso no es corriente verles sonreír o mostrar cualquier otro tipo de expresividad en público.

De la mano: No es raro ver a gente del mismo sexo caminar de la mano pues esto significa amistad; sin embargo las demostraciones públicas de afecto no son bien recibidas y consideradas por ellos. Y mucho menos cualquier tipo de efusividad entre parejas.

Llevarse las manos a la boca no es correcto en China, por lo que debemos evitar mordernos las uñas o escarbarnos en los dientes o tocarnos los labios etc.

El vicio de escupir es una mala costumbre generalizada en China, de hecho era una conducta que no estaba mal vista. A día de hoy no sólo no es aceptable sino que además en algunos lugares está prohibido y multado.

Lo mismo ocurre con sonarse la nariz, puede ser aceptado si lo realizamos de forma discreta y mejor si nos apartamos un poco del grupo o al menos nos damos la vuelta para hacerlo.

Por otra parte, en cualquier tipo de conversación nunca se debe utilizar el término "camarada" para dirigirse a otra persona. Hay que tener claro los tipos de conversaciones que debemos mantener sobre todo al principio de nuestra relación: Personales o sociales y las de negocios. Las primeras son las que se dan en los intermedios de las negociaciones, en comidas, fiestas, en recepciones etc. Las segundas son las que se dan de forma exclusiva en reuniones y presentaciones de negocios. Cada conversación tiene su momento.

Mesa, presentación y comportamiento

Lo más habitual en los negocios son los banquetes por la tarde para tener más tiempo para disfrutar de ellos. Se suelen iniciar a las 6.00 PM y se alargan bastante. Todo es muy ceremonioso cuando tienen invitados extranjeros.

Nunca debéis tener prisa en este tipo de encuentros y deberéis ir con una mentalidad muy abierta pues no se puede hacer ningún feo a los anfitriones, ya que esto pondría en peligro la operación y las relaciones comerciales.

Si llegamos con antelación, es probable que nuestros anfitriones se encuentren allí, y nos traten de una manera más distendida y menos ceremoniosa que cuando empieza el banquete.

A la hora de tomar asiento debemos tener mucho cuidado pues ellos valoran mucho la importancia de la jerarquía. Por ello lo mejor es que esperemos a que nos indiquen donde sentarnos, y evitar así alguna situación comprometida.

Por regla general, el asiento del centro de la mesa frente a la puerta, es el reservado para los anfitriones. El invitado de mayor rango u honor se sienta a la izquierda de éste. El resto de los invitados se irán colocando de mayor a menor grado de importancia. También el miembro de mayor edad del banquete tiene un sitio preferencial en la mesa.

El anfitrión es la persona que marca el inicio de la comida.

Comienza tomando antes un primer sorbo de su copa; entonces, el resto de los comensales puede empezar también. El anfitrión deberá tomar el mejor trozo o pedazo de su plato y depositarlo en el plato de su invitado de honor, después de tomar dicho primer sorbo de su copa. Esto es un gesto de cortesía y un indicativo de la cordialidad de ese encuentro. Por lo tanto si sois vosotros los invitados no os extrañe que el anfitrión os sirva el plato.

Todas estas normas se tienen que tener en cuenta si somos nosotros los que organizamos el banquete.

La comida

A los chinos les gusta agasajar abundantemente a sus invitados.

Ahora bien, al final no debe quedar mucha comida sobrante o podrá ser interpretado como que no le ha gustado. Hay que dar indicios de lo bueno que estaba todo y lo saciados que nos hemos quedado.

El arroz, al contrario de lo que se piensa, es considerado como un simple acompañamiento y puede ser servido al final de la comida. Si quiere tomarlo con algún plato determinado que le han servido lo mejor es pedirlo al camarero/a (shou jie).

En un banquete de cierta importancia pueden ser servidos entre 20 o 30 platillos de comida diferente.

No tratéis nunca de dejar un plato completamente limpio, pueden interpretar que se lo ha comido todo y no ha tenido suficiente y pueden considerarlo como pequeña ofensa. Lo mismo por el lado contrario por lo que, al menos todo hay que probarlo.

Una de las partes más importantes de la etiqueta en China es el ritual de Té, conocido como "*yum cha*". Es muy utilizado para establecer el primer contacto antes de una reunión o durante la comida. Si no desea que le sirvan más té, hay que dejar un poco en la taza.

Durante la comida

En China valoran mucho que sepamos comer con palillos por lo que sería bueno practicar antes de ir a una comida con ellos.

Cuando terminemos de comer se deben dejar los palillos sobre la mesa. Dejarlos en el tazón en paralelo trae mala suerte. Hay que tener cuidado con el uso de los mismos porque depende de las posiciones pueden representar ciertos rituales religiosos.

Tampoco y esto es importante, se debe introducir los palillos en la boca, solamente se deben utilizar para transportar la comida hasta ella. Dejar caer los palillos es interpretado como signo de mala suerte.

Beber haciendo un pequeño ruido no es considerado una falta de educación para ellos, todo lo contrario significa que estamos disfrutando de la comida.

Hay alimentos poco utilizados en nuestra cocina occidental, pero que para ellos son un manjar y como tal los ofrecen: escorpiones, serpiente, carne de perro, tortuga, entre muchos otros.

Hay que hacer un esfuerzo por probarlos.

Brindis

Los brindis, generalmente se hacen con cerveza, vino o licor; son una parte importante del ritual chino de las comidas. Lo mismo ocurre con beber algún tipo de licor chino. Suele tener su propio ritual tanto para servirlo como para beberlo.

El anfitrión del banquete es el que hace el primer brindis. Si nosotros no bebemos podemos perfectamente brindar con zumo natural o agua, pero debemos acompañar en el brindis con una de las siguientes palabras: "*Ganbie*" y "*kai wei*".

Los chinos disfrutan viendo beber a sus invitados, lo que se conoce como "*lou wia*"; no obstante, debemos tener cuidado con lo que bebemos puesto que hay licores con una alta graduación.

Final de la comida

El final de la comida se suele determinar cuándo se pone la fruta en la mesa y nos dan una toallita húmeda para limpiarnos las manos con ella. Una vez que hemos llegado a esta fase de la comida, debemos prepararnos para terminar el banquete. De acuerdo con la etiqueta china, los invitados abandonarán la mesa primero y el último el anfitrión.

Si nos invitan a un banquete nosotros deberemos corresponder con posterioridad con un banquete de las mismas características. Ahora bien, nunca tratemos de superar a nuestros anfitriones pues se puede considerar una ofensa.

Relación personal – profesional

Establecer una buena relación personal o *Guangxi* es muy importante para las posteriores relaciones en los negocios.

También debemos participar en el ritual de la bebida típica de China. Tened en cuenta que si no participamos en cualquiera de las fases de una comida puede sembrar la desconfianza entre ellos y nosotros y por supuesto esto no es bueno para futuras relaciones comerciales. Si no podemos beber por razones médicas o religiosas, deberemos decírselo a nuestro anfitrión para evitar que se sienta ofendido.

No se debe de tratar ningún tema de negocios durante la comida, ellos respetan mucho este tiempo para hacer crecer las relaciones personales.

La mejor forma de agasajar a nuestros anfitriones es devolver la invitación en un establecimiento tradicional chino pues es el tipo de comida al que están acostumbrados.

Propinas

Las propinas son consideradas un insulto en China. La mayoría de los hoteles y establecimientos chinas no aceptan las propinas (no es así en muchos hoteles y establecimientos internacionales). Por lo tanto, debemos evitar dar propinas en establecimientos tradicionales.

Curiosidades

Como curiosidad hay que saber que tanto nombres como apellidos están dotados de significado es decir, los hombres tendrán nombre que desprendan virilidad, fuerza, valentía etc.

Sin embargo las mujeres tendrán nombres que hagan referencia a la pureza, belleza, dulzura, sensibilidad etc. Por eso es sabido que en China los apellidos son repetidos constantemente por los nombres son muy variados ya que representan situaciones o elementos de la vida cotidiana.

Por otra parte, el traje típico de China es el *"qípao"* que hoy en día se sigue utilizando para ocasiones más especiales que no adaptado al desenfreno del día a día.

Los colores favoritos para el *qípao* son el rojo con motivos dorados, el azul o el naranja. El cuello es *mao* y suele ser de manga larga, si bien las mujeres pueden utilizar manga corta.

Es de buen agrado para los chinos que en visitas oficiales de dirigentes extranjeros estos se decanten por el traje típico de China.

Bodas

Hoy en día los trajes son que los que usamos los occidentales.

Las novias visten traje blanco o claro y los novios trajes de chaqueta, no obstante, se siguen realizando bodas tradicionales chinas con el atuendo típico, en el que el color y los complementos son importantísimos (símbolo de riqueza, pureza, etc.).

La ceremonia se celebra en el restaurante, al que acuden los invitados tras pasar los cónyuges por el establecimiento gubernamental y recoger el certificado de matrimonio. Los invitados entregan sus regalos en el restaurante, muchos de los cuales consisten en dinero guardado en sobres rojos.

Epílogo

Hemos llegado al final del libro, desde que decidimos que en otros países podemos encontrar nuestro producto a un precio más competitivo que el que tenemos aquí hasta que pasamos las aduanas de nuestro país y recibimos la mercancía en la dirección indicada. Hemos intentado hacer paso por paso todo el proceso de búsqueda de proveedores e importación de mercancía.

La lectura de este libro, capítulo a capítulo, es una buena guía para tener éxito en el proceso.

Cualquier duda que se tenga al respecto estamos disponibles a través de nuestra página web

www.atlas-overseas.com

O por correo electrónico

comercial@atlas-overseas.com

Acerca del autor

Quién soy y por qué escribo esto

Soy Jorge Monera, durante más de 10 años he estado dedicado a la importación de Materias Primas y Productos Terminados desde China Continental, Taiwán, India y otros países emergentes.

A través de mi compañía, ATLAS OVERSEAS BUSINESS SOLUTIONS, intento dar servicio, respaldo y seguridad a aquellas compañías o emprendedores que ven en el mercado asiático la posibilidad de hacer negocios exitosos.

SI OTROS YA LO ESTAN HACIENDO ¿POR QUÉ NO YO?

Siempre aconsejo a mis clientes que se realice un estudio de mercado con China para determinar si vale o no la pena arriesgarse a trabajar con unos proveedores que hablan en otro idioma, con otra cultura y a más de 20.000 kilómetros de nuestra casa.

Con esto mi trabajo es, y ha sido durante mucho tiempo acercar la Cultura y la forma de hacer las cosas en China a nuestro país y poder ver de cerca cómo muchos de los productos son de la misma calidad y cómo se puede llegar a una compra con éxito y con seguridad desde China, Taiwán o Israel entre otros países.

Desde que España entró a formar parte de la Unión Europea, hemos tenido y escuchado todo tipo de noticias contradictorias: libre mercado barreras a la importación, situaciones riesgosas para la salud humana, el gigante asiático... Sin embargo la realidad es que comprar en China, en la mayoría de los casos, se ha convertido en rentable para el resto del mundo desde Europa hasta África o Estados Unidos y Sudamérica, por lo que viviendo en un entorno tanto global como globalizado, tenemos que saber que esto es el presente.

En un principio lo que se buscaba en China era precio, precio y precio. Con el paso del tiempo, cuando la compra en China ya no supone una mengua de calidad y se ha profesionalizado el proceso de importación, cada vez existen más oportunidades para tener éxito y abaratar los costes de un proceso de producción o un producto sin tener la necesidad de sacrificar la calidad, y, por supuesto, a un precio competitivo.

www.ingramcontent.com/pod-product-compliance
Lightning Source LLC
Chambersburg PA
CBHW051705170526
45167CB00002B/549